AF422964

Entre muitas verdades e alguns segredos

José Micard Teixeira

Ao meu Pai.

Cheguei a um ponto da minha vida em que muita da teoria me cheira a mofo e muita da prática deixa-me indiferente. A idade fez-me começar a ir ao encontro daquilo de que antes fugia. Deixei de ceder a chantagens de qualquer tipo e removi todos os móveis que tiravam luz à minha casa. Parei de precisar daquilo que não tenho e deixei de querer o que não é suposto ficar comigo. Proibi-me de ser para os outros aquilo que me faz mentir a mim mesmo e recusei-me a deixar de ser livre por causa de seja quem for. Ainda que possa estar enganado, não vou desistir daquilo em que acredito. Algo em mim funciona como uma velha máquina de escrever. O que faço, não apago mais.

Descobri há dias os meus primeiros cabelos brancos. Sorri e acomodei-os entre os seus companheiros ainda pretos. Se tender a ser como o meu pai, vou ficar com eles todos brancos. Talvez me dê um certo charme que tenho ainda alguma dificuldade em antever. Ao meu pai, deu-lhe uma expressão mais suave e tirou-lhe alguma agressividade ao olhar. Temos, ou tivemos, os mesmos olhos. Os meus são talvez mais abertos, provavelmente porque sorrio muito mais do que ele. A verdade é que também tínhamos visões diferentes da mesma vida. Sempre fui mais rebelde. Sempre quis ir além do preestabelecido e das normas. O meu pai era mais cauteloso. Mais medroso. Talvez tivesse razão em sê-lo. Não o crítico. Amei-o apesar de tudo. Ou por tudo. Não sei, mas isso basta-me.

Há um momento na vida em que te deves render, deixar de querer, deixar de lutar, deixar de te esforçar, deixar de cair e levantar, deixar de pensar. Há um momento na vida em que deves deixar de te importar se sonhas ou comes, se dormes ou respiras, se amas ou sofres, se tens ou não tens, se és ou deixaste de ser. Há um momento na vida em que não te deves exigir mais nada, mais nada de nada, mesmo nada de nada, e fazer um intervalo na vida. Há um momento na vida em que te deves deixar apenas ficar nesse momento e em nenhum outro, apenas nesse momento, como se só existisse esse e mais nenhum, nesse momento passível de ser abraçado, nesse momento que transformas finalmente no teu momento. Há um momento na vida em que te deves consciencializar que também és apenas um momento.

Um bom vinho tem o condão de me tornar os pensamentos mais doces. Nunca precisei de álcool para me soltar ou ganhar coragem para fazer alguma coisa. Nunca necessitei de me embriagar para dizer alguma verdade ou defender uma ideia, por muito louca que pudesse parecer. O álcool tem, no entanto, aquela indolência necessária para me fazer rir de alguma paz ilusória ou dor muda. Não bebo para fugir. Bem pelo contrário. Bebo para suavizar a maneira como escolho ficar.

Tenho razão em ser um louco. Nada de significativo acontece na minha vida se não me permitir ser um louco. Muitos não querem sê-lo, nem tão-pouco parecê-lo. Querem apenas ser normais. A normalidade sempre me fez confusão. Cheira-me a doença contagiosa sem cura, a submissão permanente, a monotonia agoniante. Só a loucura de ser verdadeiro com a vida faz sentido para mim. Imitar, comparar-me, esconder-me, repetir, não tem nada a ver comigo. Já fui actor durante demasiado tempo. Detesto argumentos escritos. Gosto cada vez mais de improvisos e liberdade. É aquilo que mais se aproxima da minha verdade.

○

Despir uma mulher faz-me sentir ainda mais seu. Tirar-lhe uma peça de roupa de cada vez faz-me sentir como se desnudar-lhe a pele fosse já fazê-la minha. Tem vezes em que me basta despir, deitar-me com ela sobre a cama e ambos fecharmos os olhos. A intimidade nem sempre está na consumação do desejo, mas simplesmente em adormecer lado a lado, mão na mão, num espaço de tempo igual ao que antecede o beijo. Gosto de me enrolar no seu corpo de mulher como um gato ensonado, tocar sem querer com os lábios nos seus ombros enquanto me chego mais a ela, sentir-lhe as coxas por cima das minhas ancas, perder-me no seu cheiro e na sua respiração. A intimidade nem sempre é nada do que se espera. É sempre o melhor do que se pode esperar.

O meu passado está tão longe que, de tão longe, nem parece o meu. Ganhou comigo um cunho de tio distante, daqueles que imigram e só vemos com sorte no natal e no verão. Parece quase uma outra vida, um relógio que avariou antes do seu tempo, um papagaio a quem amarraram o bico para o condenar ao silêncio. A morte do meu pai e irmão fizeram-me mais uma vez ir buscá-lo, com a mesma tranquilidade com que alguém tira um livro da estante e procura nele o mesmo que sentiu quando o leu anos atrás. A verdade é que nada mais é igual. Nem sequer existe saudade do que volto a lembrar. Existem sorrisos momentâneos no canto da boca e dos olhos. Existem tempos e lugares de um outro tempo, coisas que pertencem onde sempre estiveram. O meu passado, de tão longe, nem parece o meu. Veio e foi-se, mais uma vez. Passou por mim como uma curiosidade ou um filme mudo. Deixou-me, no entanto, mais tranquilo. Mais consciente de mim mesmo.

○

Sinto-me em paz. Nunca senti tanto a minha paz como neste momento. A maneira como me vejo é diferente. Nada me assusta. Nada me preocupa. Já não quero fazer o melhor possível de nada. Já não quero dar aquilo que não sou. Não me importo se falhar. O tempo deixou de ser tempo. Deixei de querer vencer. Nada é meu e não sou de ninguém. Sou grato por não querer fazer diferente daquilo que sinto vontade de fazer. A opinião dos outros sobre mim é apenas a deles. A minha é a mais importante para quem estou a ser. O meu sorriso é o único certificado de que preciso. A minha história vai um dia terminar. Não me importo. Vou regressar a casa e contar a quem lá está como foi bom estar por aqui.

A morte provoca uma dor que só a morte consegue provocar. Já conheci algumas dores na minha vida, mas a dor da morte é diferente de todas as dores. Tem qualquer coisa de inútil, de impotente, de grito sem eco. Dói com a lealdade de uma dor sem fim, mas com a infidelidade de uma ferida sem cura. É uma dor que não tem nenhuma relação com o tempo, nem sequer com a própria morte. A sua ligação é com a vida, porque leva sempre um pedaço de nós mesmos que só devolve quando conseguimos aos poucos voltar a sorrir.

Às vezes, não é amor, mas um desejo de que seja algo diferente.

Tu sabes que gosto de ti, porque me valorizas sem pedir nada, mesmo aquilo que sabes que te dou sem mo pedires. Tu sabes que gosto de ti, apenas porque gosto de ti e porque encontrei contigo a forma mais surpreendente de gostar de mim.

Um dia, decidi começar certas coisas por onde nunca tinha ousado começá-las e dei por mim a entender a verdadeira importância de cada uma delas na minha vida. Optei por deixar para trás todas as que percebi não serem mais relevantes e mudei de vez a maneira de escolher e nomeá-las daí para a frente. A verdade é que toda a minha vida mudou e passei a saber manter comigo apenas aquilo que me conforta a alma, aconchega o coração e respeita quem sou. Percebi que recebo sempre aquilo que coloco na minha intenção e só estou em paz comigo a partir do momento em que tenho a tranquilidade necessária para fazer as minhas próprias escolhas sem estar dependente de ninguém, nem de quaisquer emoções instintivas. Fiz aquilo que tinha de ser feito e agora vivo cada dia como se tudo fosse ao mesmo tempo mortal e eterno. Deixei de sentir medo e comecei a sorrir diante das resistências e obstáculos. Por uma razão que ainda desconheço na totalidade, passei a sentir a alma dentro do coração.

Sei que escrevo com intensidade porque vivo tudo com intensidade. Escrever intensamente não significa apenas escrever sobre emoções e sentimentos. Traduz antes a capacidade de deixá-los viver-me, de permitir-lhes tocar-me até me fazerem ajoelhar rendido a uma qualquer dor ou desejo. Escrever com intensidade é como amar. Nada é sempre igual. Tudo muda ao entrar no meu coração. Vira-me completamente do avesso sem me tirar a impressão de que continuo a voar.

○

A idade fez-me redescobrir a lentidão, a ausência de pressa para chegar ou terminar alguma coisa o mais rápido possível, a falta de vontade de ser mais isto ou mais aquilo, a desnecessidade de ser o melhor ou aquele que deixa sempre uma marca. O tempo permitiu-me de entender que a pressa de chegar condenou-me muitas vezes a perder-me no caminho ou a chegar onde nunca quis chegar. A vida fez-me compreender que na verdade estava quase sempre atrasado, atrasado de mim, atrasado de estar e ficar, atrasado de hoje. Mudei. Disso tenho a certeza. O que passou a me definir foi o meu inconformismo, a minha capacidade de ousar atingir o imprevisível e esperar o não expectável. Já faço muito pouco da mesma maneira como costumava fazer. Já quase não utilizo as mesmas palavras e o mesmo tempo nos verbos. Mudei, não apenas porque quis viver numa definição mais simples da vida, mas também porque quis tornar-me no único dono do meu destino. Coisas de pele. De sangue. Minhas, apenas.

○

Sempre acreditei na força do amor e na vida depois da morte, nas escolhas da alma e no poder de decidir com o coração, na possibilidade de morrer em vida e renascer na morte, na existência de anjos, energia e no poder de cada um sobre si mesmo, no hoje, no ontem e no amanhã, assim como também sempre acreditei na minha capacidade de enfrentar aquilo que temo e desconheço, não porque me ache melhor que ninguém, mas porque no dia em que deixar de fazê-lo não será seguramente porque morri, mas antes porque passei de novo a ter medo da morte.

○

A minha vontade é sempre maior do que qualquer caminho. A minha história só pode ser escrita por mim e mais ninguém. Já deixei há muito de querer imaginar como será a minha vida. Vivo-a sem a questionar. Aceito-a do jeito como vem ter comigo. Sei que a escolha que faço a seguir é sempre a mais importante. Sei que é ela que me vai traçar o caminho que sem saber já escolhi antes sequer de ter escolhido. Ou talvez a saber. Não importa. O que interessa é que deixei de olhar para trás para querer entender coisas que não me interessa mais entender. Tornei-me num sonhador de momentos, de agora e não depois. O amanhã não me pertence, nem o quero. Talvez apenas em pensamento. Uma vez ou outra.

Amar depois de amar é como amar pela primeira vez. Tudo parece novo no tempo e na memória. Tudo dá significado a tudo. Nada tem ligação com nada. Tudo se justifica em si. O fervor faz que não se ponha coisa alguma em causa. O único senão vive na comparação. Se se comparam dois amores, perde-se o melhor de cada um. Se se procuram semelhanças, o compromisso passa a viver no desencanto. Amar é traçar uma jornada. Amar depois de amar é viver uma oferta dos céus.

Tudo aquilo que é verdadeiro, nasce sem um motivo.

Só quero vida nas minhas veias e gente de carne e osso do meu lado. Quero janelas abertas e vento na minha cara. Preciso de primeiros dias de muita coisa e sorrisos dentro do prazo. Já não me importo de perder tudo mais uma vez, porque sempre sobra o necessário para continuar. Tudo fica mais calmo quando deixo de me preocupar. Sou de novo um navegador sem memória, um vagabundo sem medo. O mundo é meu. É a minha prioridade depois de mim. O amor, esse, é-me estranho. É como palavras com significado, mas sem nexo.

Aparece-me misturado como peças de puzzles dentro de caixas acabadas de abrir, ainda por construir. Ainda só o consigo ver assim, mas não me importo. Tudo tem o seu tempo. Até mesmo o amor. Até mesmo eu.

É curioso como deixei de pensar no final das coisas. A pessoa em quem me tornei já pensa muito pouco no amanhã. Pode até parecer estupidez ou fuga da minha parte, mas entendi que vivo melhor se viver agora. O amanhã pode vir a ser uma outra vida. Não sei, nem me interessa. O que sei é que quando vivo conscientemente cada coisa, tudo tem mais intensidade e une o céu e a terra dentro de mim. Sem esperar nada, tenho tudo.

Ninguém evolui sem morrer pelo menos uma vez em vida.

O medo torna a vida demasiado breve. Faz o tempo desfazer-se tão rápido que parece nem sequer ter existido. Leva os dias a ultrapassarem-se como numa corrida sem meta. Obriga as horas a baralharem-se entre si na marcha louca dos ponteiros do relógio. Nada parece ficar muito tempo. Tudo passa mais depressa do que devia. Viver em medo é morrer entre o óbvio e a falta de talento para sair dele. É recusar o desejo de sermos quem na verdade nunca acreditámos poder vir a ser. É ser ninguém por não sabermos ser mais nada.

Há um tempo para ficar calado e um tempo para me manter em silêncio. A idade fez-me entender quando não devo dizer nada e a maturidade faz-me fazer quase tudo para ter o meu próprio tempo sem palavras. São dois momentos diferentes, mas que convergem na minha habilidade em saber escolher qual deles devo eleger. Nem todas as verdades são ditas com palavras e nem todas as mentiras se escondem em silêncios. O amor nem sempre é uma mentira e o medo nem sempre é uma verdade. Já simulei algumas vezes o amor e enfrentei muitos dos meus maiores medos. Em ambos os casos, usei palavras, umas depois do silêncio e outras antes de me calar. A vida é uma sequência de palavras e silêncios. Disso não tenho quaisquer dúvidas. O que faz toda a diferença é qual deles utilizo. E qual deles simulo utilizar. A partir daí, vou viver ou simplesmente morrer mais depressa. O resto é apenas uma consequência da pessoalidade do meu tempo.

Gosto da minha casa sem ninguém, mas cheia de mim. Tenho a coragem suficiente para viver a minha vida sem querer que seja como a de outra pessoa qualquer. O meu espaço tem a minha esperança e o meu tempo de durar. Não penso mais onde estarei daqui a um ano ou dois, ou onde morrerei e com quem do meu lado. Não quero saber de nada do que vai acontecer amanhã ou no ano seguinte. Ouço as previsões astrológicas e sorriu, não delas, mas de como acredito que posso mudar tudo isto. Um dia, um padre texano e meu amigo disse-me que a verdadeira astrologia está no meu coração. Ainda hoje acredito nisso.

○

Adoro a minha companhia. Não me assusta mais ficar comigo. Há muito que encontrei em mim muito do que durante demasiado tempo procurei nos outros. As coisas mais importantes da minha vida partem sempre de mim. Tornei-me num arqueólogo de mim próprio e escavo-me todos os dias sem saber bem o que procuro, mas também sem me importar em sabê-lo, porque tudo aquilo que descubro faz-me ainda mais gostar de quem me estou a tornar. Sei que é importante partilhar a minha vida com aqueles que amo. Faço-o sem pensar que estou a fazê-lo. É algo natural e simples. Acontece da mesma forma como amo. Sem pensar muito. Numa saudade tranquila do que ainda não vivi. Num sorriso cúmplice com o que vivo.

Estou a viver um dos momentos de maiores mudanças na minha vida. Talvez não seja nada daquilo que pensava vir a viver nesta altura, mas sei que é precisamente aquilo que mais precisava de experienciar. Acima de tudo, a grande mudança que sinto está na forma como vivo o meu tempo. Já não é apenas uma sucessão de horas e dias onde procuro ser de cada vez a melhor versão de mim próprio. Hoje, passou definitivamente a ser também um tempo onde não tenho pressa nenhuma para chegar seja onde for, porque percebi que já lá estou. A vida fez-me compreender que não devo querer chegar a lado nenhum a não ser àquele onde já estou, porque essa é a melhor maneira de viver intensamente tudo aquilo que ela me está a ofertar. Nem sempre é fácil, mas a verdade é que é possível. Tenho momentos em que me questiono se esta nova perspectiva do tempo não me deixa algumas vezes demasiado parado, quase indiferente. Nessas alturas, pergunto-me se há algo de diferente que posso fazer para mudar aquilo que sinto. A resposta que escuto é sempre a de que não há nada a fazer se me sinto feliz comigo mesmo na relação que mantenho com o mundo. A verdade é que há muito que entendi que a minha felicidade não está em ninguém. Aliás, ela não está à minha espera em lado nenhum. A minha felicidade está na atitude que escolho ter comigo mesmo e com todos aqueles que de alguma maneira estão neste momento a ser importantes para mim e a fazer toda a diferença na minha vida.

○

Tenho um fantasma comigo. Não veio para me assombrar, nem sequer para me desnortear. Bem pelo contrário. Ficou comigo apenas porque sei que gosta de mim. Sente-se bem na minha companhia. A verdade é que mal comunicamos. Sei que está comigo sempre que sinto o seu beijo quente, demorado, terno, no meu pescoço. Já não me assusto. É um beijo que reconheço sem saber de onde. Um beijo que não traz palavras com ele. Traz-me silêncio e paz. Faz-me sorrir. Tornou-se o meu beijo, mesmo não sabendo quem mo dá. É apenas um fantasma. O meu. O que gosta de me beijar o pescoço.

Tenho uma tendência para gostar de pessoas que se sentem sós. Acredito que na verdade também eu me sinto só. No entanto, a solidão não me assusta. Aquilo que me assusta é o afastamento. Tenho medo de um dia me querer afastar de todos e refugiar-me num lugar bem longínquo para não ser encontrado por ninguém. Tenho a certeza de que se o fizer será apenas por decepção. De todos os males, a decepção é aquela que mais temo que me mate.

Existem coisas que já foram necessárias, mas que deixaram há muito de ser importantes para mim.

Tiveram o seu tempo, mas não aconteceram porque não dependiam só de mim. Pensei muito nelas. Cheguei até por vezes a chorar por não sucederem quando mais as achei fundamentais. Roguei pragas e fiz julgamentos de valor. Endoideci de impotência. Matei-me quinhentas mil vezes de veneno e tiros na cabeça. Fiquei calado mais do que devia e culpei meio mundo por o outro meio mundo existir. No final, a única coisa que ganhei foi um comprimido pela goela abaixo para acalmar as dores de cabeça e um banho de água gelada para entender de uma vez por todas que o tempo das coisas nunca será o meu enquanto quiser forçar para que tenhamos o mesmo tempo. Cada coisa acontece sempre naturalmente à margem de qualquer tempo. Até do meu.

○

Nunca gostei de quem só procura conhecer a minha dor. Há algo que me lembra quem fui comigo mesmo e não quero mais ser. É como se faltasse algo que já lá não está. É como qualquer coisa de pequeno que me coloca a ideia de parecer maior.

Quem quer saber a minha dor, quer ter a chave do meu inferno. Quer ter disponível o meu coração. Não é fácil proteger a minha dor, porque me pede uma falta de memória que não tenho. Lembro-me de cada uma e não consigo apagá-las do meu olhar. Denuncio-me facilmente, mas também já não me importo. Já consigo transformar o que me dói no que me faz sonhar.

○

Deixei de me sentir sozinho quando entendi a verdade por detrás da solidão. Compreendi tudo de forma mais clara quando deixei de receá-la. Percebi um pouco mais sobre ela quando passei a aceitá-la sem raiva, sem medo. Se estou só é porque preciso de me encontrar a mim mesmo na minha própria solidão. Não tenho que amaldiçoar nada daquilo que me acontece de que não gosto. Devo antes ficar e sentir o que ela me faz sentir. Mais ainda. Devo ser grato à solidão, porque só ela me possibilita de aceder a tristeza. Quando entendo a tristeza, estou pronto para deixar de fugir da felicidade. Quando paro de virar a cara à felicidade, estou finalmente capaz de deixar de me desculpar por estar sozinho. Só isso.

○

Muitos de nós fomos mortos pelo passado. O que nos dói não é tanto não saber que morremos, mas antes não aceitar que estamos vivos. O passado é uma cicatriz que se cura apenas no presente. Quem foi morto no passado, na verdade morreu antes dele, porque se deixou ficar numa memória em que já não devia estar. A dor existe na tristeza das suas feridas e não na lembrança da vida. Morrer e continuar vivo é sempre pior do que não recordar. Temos sempre a sensação de que nunca saímos de lá. Como se fosse uma dependência da nossa memória. Uma prova de que a morte já não é uma impossibilidade.

○

Já escrevi no passado com muita dor e tristeza. Não entendi na altura a extensão do meu grito para comigo mesmo, porque não tinha ainda consciência de que tinha sofrido quase toda a minha infância, não um sofrimento de perdas, mas um sofrimento de faltas. Faltou-me o amor e não senti a valorização. Menti-me para poder viver sem isso. Acreditei nas minhas próprias mentiras enquanto socorro contra as verdades que não quis saber. Criei uma vida ao lado da vida que não me era permitido viver. Entre os segredos que guardei comigo, ficou a certeza não do que nunca soube, mas do que soube sem ninguém me ter dito. Trouxe no meu coração a dor de quem não se sentiu amado. Nem odiado. Apenas acompanhado.

O meu amor por mim salvou-me de mim mesmo. O melhor para mim é sempre o amor que me dedico. Nenhum amor é mais importante. Nenhum sentimento é mais libertador. Se não me amar, não saberei reconhecer o amor em mais lado nenhum. Vou julgar encontrá-lo, mas vou também sofrer para o manter. A vida não funciona assim. O amor que sinto por mim tem a mesma intensidade da que sinto por tudo. Posso até discordar ou não perceber. É um problema meu, um problema que não me deixa aceitar que afinal o que sinto é apenas falta de amor.

Uma boca não é mais do que uma boca até ser beijada. O beijo transforma-a, torna-a real, dá-lhe a intimidade própria de um segredo desvendado. Gosto de beijar uma boca que se me oferece pouco a pouco. Nunca gostei do que se revela de imediato. Gosto de beijos mais lentos do que a tesão, desses que os lábios vão sentindo aquilo que o resto do corpo já não silencia. O beijo é sempre aquilo que mais me tenta. A junção dos lábios e o primeiro toque das línguas tira-me o medo dos inícios e das imoralidades. Por um instante, todo eu sou pecado e generosidade. Se me for permitido, quero morrer a viver um beijo.

Sei o suficiente para saber aquilo que não quero na minha vida. Não tolero desrespeito, mentiras e conflitos. Não permito quem me quer manipular ou humilhar, nem quem me quer fazer crer que me ama sem me amar. Tenho segredos que mantenho não para não me expor, mas para serem revelados no momento certo. Acredito em opostos, mas também acredito em escolhas sobre os opostos, porque existem sempre pelo menos duas maneiras de ver o mundo. Não faço parte de nenhuma associação, instituição ou clube, porque não suporto regras e retaliações pelo seu incumprimento. A arrogância enoja-me e o snobismo medíocre de quem não tem onde cair morto deixa-me sem palavras. Não trato ninguém por títulos ou nomes de família e não mantenho comigo quem insiste em querer que faça de maneira diferente. Não aceito essa treta da culpa, mas assumo sempre as minhas responsabilidades. No fundo, se me dessem a escolher entre viver com medo ou viver sem amor, escolheria mandar foder quem me pusesse essa questão, porque para merdas filosóficas já me chegam os pseudo disto e daquilo e as suas conversas egóicas e vendidas.

○

Há uma vida que muda a cada escolha. Há uma direcção em cada momento de hesitação. Há um tempo ganho de cada vez que se pára. Quando quero, vou lá acima, ao meu céu, e escuto o que é suposto escutar. Depois, regresso sem duvidar mais do que vou fazer. Tenho um anjo dentro de mim. E um demónio. E uma luz que varia de intensidade de acordo com os olhos de quem vê. Não tenho medo. Não tenho pressa. Sei que vai dar certo.

○

Faço tudo o que posso por mim, porque só posso dar aos outros aquilo que tenho em mim. Se não souber dançar, nunca vou poder ensinar alguém a dançar, nem sequer inspirar seja quem for com a minha dança. Se não gostar de mim, não vou conseguir gostar de mais ninguém e vou cada vez mais precisar de todos e cada um. Neste preciso momento, estou a ser quem sou para que quem me lê possa também ser ele mesmo. Se não estou a consegui-lo, a questão não tem a ver comigo. Tem a ver com aquilo que alguns ainda não estão preparados para ser.

○

Gosto da ideia de provocar a normalidade. Tudo o que é normal é no mínimo patético, porque é aquilo que todos aceitam como sendo o permitido. Sou totalmente contra o permitido. Quero sempre o que está para lá do autorizado. É lá que existe a liberdade de me confessar feliz. É lá que posso arriscar ir muito mais adiante sem perder qualquer tempo. A normalidade é na verdade a ilusão de se estar a ser aceite pelos outros. Ser normal é ser apenas normal. É perder a alegria de ser natural. Ser natural é ser genuíno. É ser aquilo que ninguém quer que eu seja, por lhes lembrar a sua própria incapacidade em sê-lo. Todos sonham ser diferentes, mas a grande maioria não consegue sair da medrosa normalidade. Problema deles. Cada um faz as suas próprias escolhas. Eu escolhi viver como quero. Fui suficientemente louco para escolhê-lo. Não tenho cura. Vou morrer a escolher o que quero.

○

Por estranho que possa parecer, o irrepetível sempre me empolgou. Por experiência própria, repetir nunca me soou ao mesmo. A magia do irrepetível está precisamente na impossibilidade de se repetir. Perde-se ou acrescenta-se sempre alguma coisa e nada mais fica igual. Por vezes, a repetição tira, por outras, acrescenta, mas nada é mais idêntico. É uma ausência que já não nos faz falta. É uma presença que deixou de nos incomodar. O irrepetível tem uma generosidade própria que me fascina. Faz-me lembrar a minha adolescência. Tudo muda a cada dia, até mesmo as paixões e as verdades. Tudo tem um sabor novo, até mesmo o tédio.

A aventura de viver só é comparável ao encanto de morrer. A morte é o retorno à vida que conheço sem me lembrar. A verdade é que não temo mais partir desde que aceitei que um dia partiria. É como ter ganho sem nunca ter perdido. É como viver sem que existisse a vida, mas uma vida que vem depois da vida. Nada me assusta mais. Sorrio, porque acredito no que me espera. Sei que a aventura continua para lá do fecho dos meus olhos. Sei que vou abri-los e reconhecer o que me espera. Não vou querer fugir. Vou ficar. Vou voltar a apaixonar-me sem precisar mais de morrer.

Tenho um jeito que é só meu de fazer as coisas acontecerem. Não me vale de nada sair do meu ritmo. Perco-me e sofro. Fui feito por um astro e uma estrela. Não nasci para diferentes cosmos ou constelações. Tenho o meu lugar muito próprio onde aprender. Não desejo fazê-lo de forma diferente, nem afastar-me daquilo que fala comigo. Mesmo quando ouso sair, só fico quando me sinto acolhido o suficiente para poder sorrir. A dizer a verdade, já não quero saber de tempos e distâncias. Acredito que existem coisas que sei virão a acontecer-me. Já não fujo delas, nem sequer penso em me afastar. Espero-as sem pensar que estou à espera. Vivo sem morrer por elas em vida. Hão-de chegar a mim. Sei disso. Sinto-o. Tão naturalmente como o teu olhar me convida a não ter medo de amar.

○

Não poder agradar a todos é um gozo. Saber que a minha verdade abana alguns, é sempre uma sensação maravilhosa. Tenho horror a tudo aquilo que passa sem deixar uma marca. Preciso disso, de sentir também que me marcam. A vida sem coisas extraordinárias tem algo de morte prematura. Não gosto do convencional nem do normal. Preciso de marcas, de imortalidade nas atitudes. Aquilo que não sabe a nada, tira-me o gozo de vivê-lo. Quero sabor na vida. Quero cheiro.

O que vês depende quase sempre daquilo que procuras. O que ambicionas serve apenas para te fazer sentir seguro. A impotência em conseguires alguma coisa tira-te o poder que julgas ter sobre alguém. A protecção afasta-te de ti mesmo, porque começas a contar apenas com os outros. O que deves fazer é perceber que tudo aquilo que sentes fora de ti deves senti-lo primeiro dentro de ti, senão nada fica mais que o tempo necessário para te decepcionar. Se não for desse modo, vais depender emocionalmente de coisas e pessoas que não te vão ajudar em nada. Bem pelo contrário. Vão querer apenas fazer-te sentir aquilo que lhes fizeste perder.

Fazer amor é celebrar a vida. Admiro quem o faz sem pressa, ao ritmo quente do sangue nas veias, de forma intensa, com entendimento e entrega, sem tempo nem ordem. Pasma-me quem o faz com garra, de modo quase louco, quase selvagem, numa imposição consentida, num rasgar de pele, a suar e gemer, numa dança sem fim entre os demónios e os anjos de cada um. Surpreende-me quem quase nem precisa de tocar para sentir o outro, num bailado de emoções e sentimentos trocados em silêncio, de olhos fechados, num amor feito de alma, só de alma, um amor absoluto que poucos têm o privilégio de sentir e viver. Fazer amor é celebrar a vida. Sempre sem meio-termo.

Gosto da maneira como te aninhas no interior dos meus braços quando te abraço, do teu jeito delicado de erguer a cabeça para que os teus olhos se pousem nos meus, da forma linda como voltas a recolher-te contra o meu peito e me pedes para não parar de te abraçar. Um dia, disseste-me que só se ama verdadeiramente quando se ama o cheiro do outro. Nesse dia, não te perguntei nada. Sorri apenas, porque sempre sorrio quando sou surpreendido por algum gesto ou palavra. Hoje, acolhi-te nos meus braços e senti o teu cheiro como nunca o tinha antes sentido. Lembrei-me do que me tinhas dito e sorri mais uma vez. Desta vez, de olhos fechados, como se sentisse enfim um perfume que sempre lá esteve. De amor. De pele. De ti.

Às vezes, sinto-me triste sem qualquer razão. É uma tristeza que vem sempre devagar, sem pressa, como uma sombra. Não sei explicá-la nem entendê-la. Sei que fico triste e tenho vontade de me deixar ficar. Já entendi que quando ela vem assim, do nada, mais vale deixá-la revelar-se. Aos poucos, começo a senti-la mais no interior do meu peito. Tem vezes em que choro. Outras em que sorrio. Outras ainda em que me deixo adormecer em silêncio. Quando acordo, ainda lá está. Mais tranquila. Mais minha. Mas também com um nome e um lugar. Como tudo o que tem significado na vida.

Cada vez penso menos. Há muito que percebi que pensar demais faz-me querer mudar aquilo que não deve ser mudado ou atrair aquilo que menos quero viver. Pensar passou a ser algo que faço apenas por necessidade. Já preciso de muito pouco do que vem dos pensamentos. Gosto muito mais de sentir. Quando sinto, sinto-me sempre sem saudade do que antes pensei. Ganho uma vida diferente. Uma estrada cheia de sol. Um sorriso nunca antes sorrido.

Sou um poeta. Disso não tenho mais dúvidas. Mas sou um poeta a querer ser apenas um poeta, um homem com o recato e a sensibilidade na ponta dos dedos. O estrelato ainda me fascina e assusta ao mesmo tempo. Tenho receio de me desviar sem percebê-lo. Tenho medo de deixar escapar o melhor da vida ao julgar estar a viver o melhor. Não quero confundir simplicidade com indiferença. Não desejo misturar a inspiração com a arrogância de me sentir um inspirado. Tenho medo de mim sem medo de deixar de ser eu mesmo. Tenho de permanecer sóbrio de alma e lúcido de coração. Não quero virar um mau hábito. Não quero tornar-me numa repetição de mais nada de novo.

A verdade estigmatizada é podre. Acreditar por medo é ter interesse em ficar vivo no meio de tantos que simulam viver. Dizer o mesmo que a maioria defende é querer ser aceite quase sempre por não se ter opinião própria. Falar o que se pensa não é para muitos. Ter uma ideia diferente e contrária à da maioria é tornar-se o alvo preferido da frustração e invídia de todos aqueles que simulam sorrisos e dizem demasiado alto da boca para fora que são imparciais e justos. Ousar apontar o dedo é cada vez mais um acto de muito poucos. Cada vez mais, as pessoas querem ser pessoas, mas esquecem-se do que é verdadeiramente ser uma pessoa. Não se lembram que ser uma pessoa é antes de mais ser livre e não ter medo da opinião dos outros. Parecem não querer aceitar que ser uma pessoa é defender mesmo aquilo que o diabo defende sem medo do que os anjos vão dizer. A verdade é que ser uma pessoa não é para muitos. É apenas para aqueles que se ajoelham sem medo de não saber rezar.

Quem me enterrou, não sabia que eu trazia sementes nos bolsos.

Faço sempre o que quero. Tenho por vezes mau feitio com quem me quer desnecessariamente travar ou empatar. Gosto que me deixem respirar fundo e ficar a dormir até acordar. Tenho um lado rebelde que raramente fica em casa e um outro que gosta de pipocas, sofá, manta e um bom filme. Os meus opostos reencontram-se no meu caminho entre a lua e o sol. Sou um escritor com veias e coração de sagitário alado. Voo até que o voo vire sonho, porque só sei viver entre sonhos e aventuras. Não sei até onde a vida me vai levar, mas também não tenho vontade nenhuma de saber. Acredito que perderia todo o interesse. Prefiro não saber nada. A ignorância é também uma forma de amar a vida.

Sou um viciado em vida. O que é possível é demasiado previsível para me encantar. Gosto daquilo que poucos gostam. Gosto de ousar ser quem vim cá ser. Não me importo em nada com a opinião dos outros, mesmo daqueles que amo. Sou o resultado do que quero ser. Não demoro muito a decidir sobre nada e cada escolha é sentida na medida da sua importância. Não tenho paciência para nada nem ninguém que pretenda ser quem não é. Adoro a frontalidade e ganhei estofo para lidar com ela. Sou muito generoso com quem mo permite. Não fico muito tempo agarrado ao mesmo, a não ser que o mesmo seja tão louco quanto eu para atrever-se a deixar de ser o mesmo. A beleza não me seduz, a não ser que seja natural. Respeito quem me entende, assim como quem não me quer bem. Faz parte de mim. Dou liberdade e reclamo respeito. Sou alma e peço verdade.

Eu sinto-te. Apenas isso. Como se fosses o toque de uma nova felicidade ou o som do meu nome dito no interior dos teus braços. Eu sinto-te. Só isso. Como se o teu mundo fosse também o meu e nada mais existisse para lá deles. Eu sinto-te. Tão-somente isso. Como se te amasse sem precisar de sentir amor para definir o que sinto. Na verdade, é muito mais do que isso. É sentir para lá do que sinto. É ficar com desejos de pele e vontades de alma. É ser anjo e mesmo assim pedir-te colo.

Nem sempre gosto do que é fácil, mas também não perco muito tempo com o que é demasiado difícil. Gosto muito mais da forma natural como as coisas acontecem na minha vida. A maneira como as recebo é um reflexo de como as procuro. É magnífico não esperar nada de nada e acolher tudo com um sorriso de gratidão por saber que é o melhor para mim naquele momento. Sei que vou conhecer a cada vez um pouco mais da minha liberdade na maneira como aceito e lido com tudo. Também sei que quanto mais livre, mais incompreendido. Que se dane. Não procuro a compreensão de ninguém. Quero apenas que me deixem em paz. Que me respeitem na maneira como olho para o céu.

○

Gostava de viver um amor que me matasse de amor, mas não acredito num amor capaz de matar. Um amor verdadeiro não tem fim, nem acaba consigo mesmo. Um amor verdadeiro só mata aquilo que já não tem mais vida dentro de mim.

Por vezes, basta beber um copo de vinho e fechar os olhos, deitar a cabeça no colo de quem se confia e adormecer sem pensar no despertar. Por vezes, basta escrever aquilo que não se consegue dizer e mandar por carta, selá-la com um último beijo e partir sem olhar para trás. Por vezes, basta gritar mais alto que o silêncio e não esperar pelo eco, tirar a camisa e fazer uma vela de partida. Por vezes, basta dizer a verdade e dar o rosto ao inevitável soco, levantar-se do chão depois da queda e voltar a falar a mesma verdade, já sem receio de mais nenhum outro soco. Por vezes, basta entender o que é ser-se livre e conseguir fugir de todas as prisões, viver na clandestinidade sem nunca esquecer onde se nasceu e amou. Por vezes, basta que deixe de ser e passe a ser. Por vezes, basta que baste. Só isso.

Gosto de tudo o que é excepção. Sou um amante da diferença, porque é lá que me reconheço. A normalidade aborrece-me. A excepção apaixona-me. Funciona como um amor proibido, uma amante em segredo. Excita-me sair do contexto do normal e aventurar-me nas milhentas de hipóteses que as excepções me trazem. Eu próprio sou uma excepção. Uma diferença para a trivialidade. Unicamente porque quero ir aonde nunca fui, apenas porque me deixa doido de prazer chegar lá antes dos outros. Aprender o que ainda poucos sabem. Entender aquilo que excepcionalmente parece não ter uma explicação. Literalmente, a excepção transformada em acção. Em paixão. No mundo louco que estou a criar para mim.

○

Conheço os segredos do tempo. Aprendi a ler o tempo de cada coisa. Sei quando devo agir e não agir. Aprendi a escutar o meu coração, porque me mostra sempre o caminho a seguir. Já não hesito. Já não me assusta. Confio em mim, na minha ousadia de viver. Encontrei o talento de ser feliz. Redescobri a juventude dentro de mim. Passo ao lado de planos e futuros. Vivo cada dia como se fosse o anterior ao último, porque guardo o último para dar autógrafos aos anjos. À porta do céu. Quando lá chegar com livros debaixo do braço e uma caneta entre os lábios. A sorrir. Sem sapatos para não estragar as nuvens.

○

Vou amar-te sempre, faças o que fizeres, porque o meu amor não depende de ti, mas apenas de mim. Talvez nunca me venhas a entender, mas não é a tua compreensão que procuro. Quero apenas sentir o que sinto e sorrir pelo que sinto. É meu, não teu. Não tens nada a ver com aquilo que decido fazer com este sentimento. Não te exijo nada. Não te peço coisa nenhuma. Amo-te, mas não preciso do teu amor. Amo-te, mas não te quero para mim. Amo-te, da mesma forma como respiro. Para viver.

○

Já entendi que preciso de ganhar distância de algumas coisas para vê-las lá do alto, numa nova perspectiva. Quando não quero alguma coisa, faço por não pensar nela e deixo que a vida ma traga se me for necessário vivê-la. Sei que se não a quero, estou na verdade a querê-la, porque para ultrapassá-la preciso de saber a verdadeira razão porque não a quero. Quando a compreender, ela simplesmente parte ou fica para trás. E isso faz toda a diferença, porque viver sem querer mudar o meu mundo é o mesmo que desistir da minha insubmissão e felicidade. É como se morresse sem saber se estive alguma vez vivo.

○

Anda ser feliz comigo. Pago-te todas as despesas de deslocação e estadia. Não te prometo um hotel de cinco estrelas, mas antes um cantinho acolhedor com uma bela lareira e boa música. Prometo servir-te todos os dias o pequeno-almoço na pequena varanda com vista para onde quiseres, desde que tenhas a capacidade de entender que a imaginação será sempre o nosso maior talento. Não vou ter álcool em casa, não porque não goste, mas porque não quero que nos embriaguemos senão com o amor de cada um. Vou ter apenas três livros na sala, um de sonhos, outro de destinos e um último de segredos. Estão todos em branco e quero muito que sejamos nós a escrevê-los numa linguagem surripiada ao coração de ambos. Prometo amar-te e serenar o teu peito sempre que sentires vontade de partir. Prometo falar-te de quem podes ser comigo e mostrar-te o quanto sou contigo. Sei que vais querer que deixe queimar em toda a casa incensos de sal e fogo para nos lembrar de onde vimos e para onde vamos, mas vou também desejar muito acender velas nos quatro cantos do quarto apenas para ver e sentir as tuas sombras sempre que tomar o teu corpo no meu. Anda ser feliz comigo. Não te preocupes se não o conseguires e quiseres partir. Não te preocupes se me vires a chorar. Vou ficar sempre em paz contigo, unicamente porque me deixaste por um tempo acreditar de novo na minha capacidade de amar.

O inteligente não é aquele que tem todas as respostas, mas aquele que desistiu de querer responder a todas as perguntas. A verdade é que existem pessoas que nos exigem mais do que podemos dar. Parecem ter gozo em ignorar a existência do nosso tempo e ritmo. Dir-se-iam querer fazer-nos desistir da parte que já nem sequer nos deixam ser. Há um tempo para tudo, assim como existem coisas que nunca devem acontecer. Permitirmos o desrespeito é entregarmos as respostas a quem já nem precisa de nos fazer mais nenhuma pergunta. É desejarmos o que nos mata. É afastar-nos das poucas coisas que ainda temos como certas. As poucas que nos fazem sentir diferentes.

Vens do céu e esquece-lo tão facilmente de cada vez que te queixas daquilo que tens e não tens. Escolhe emocionar-te com tudo aquilo que sabes sobre a vida para que te tornes ainda mais humilde em relação àquilo que ainda não sabes. Não exijas nada para que possas agradecer tudo aquilo que recebes. Vive aquilo que a vida te está a dar neste momento como se não houvesse mais nada depois disto. Sê grato a cada altura, porque a gratidão traz-te ainda mais tranquilidade para o futuro. Aprende a orgulhar-te de quem és para que te transformes numa pessoa sensível àquilo em que te estás a tornar. Diverte-te sempre que puderes, porque o divertimento faz parte da emancipação da tua alma. Faz rir os outros, porque quem ri escuta e sente-se escutado. Sê mais *yin* do que *yang* para que sintas mais facilmente aquilo por que te apaixonas. Lembra-te que tudo aquilo que te faz sonhar já existe dentro de ti. E memoriza que tempo é sempre tempo, mas aquilo que fizeres com ele é o que vai determinar quanto tempo tens até perderes o teu tempo.

Um dia será o dia em que regressarei ao meu céu. Vou ser libertado deste corpo e poder subir com um sorriso. Um dia, a dor vai ficar para trás e serei mais uma vez leve. Não tenho medo. Não receio em nada o que me espera. Sei que já lá estive e vou para lá voltar. Não me lembro de nada, mas sempre gostei daquilo que não sei ou conheço. É a minha natureza. O meu talento. A minha lição. Sei que um dia vou querer voltar cá a baixo, porque é aqui que aprendo mais sobre quem sou. Lá em cima, vou descansar entre vidas. Sorrir sem motivo. Tornar-me no anjo preferido do meu deus.

○

Gosto de quem viaja sem mapa nem relógio, de quem escolhe comboios e autocarros sem saber para onde vão, de quem não quer saber onde vai dormir nessa noite, de quem arrisca seguir trilhos e caminhos que levam a lugares de ninguém, de quem decide ficar apenas porque o tempo deixou de contar, de quem não receia perder-se ou caminhar sozinho, de quem vê santidade naquilo com que se cruza e sente, de quem vive sem medo de morrer ou adoecer, de quem ama a novidade como evita a mesmice, de quem dorme em pensões baratas com varandas viradas para o mar, de quem bebe vinho e fecha os olhos de prazer a cada trago, de quem não resiste a experimentar todas as comidas dos lugares que visita, de quem faz amor sem pensar no momento a seguir, de quem adora mergulhar num mar revolto, de quem canta mesmo sem ter voz, de quem sorri sem motivo, de quem cuida de tudo o que entra e sai da sua vida, de quem se escolhe a si em detrimento de tudo o resto. Gosto de quem gosta de si mesmo. Gosto de mim. Porque sim. Por tudo e absolutamente nada. Não como se nada fosse, mas como se tudo pudesse ser.

Não tenho nada para dar a quem espera alguma coisa de mim. Já há muito que deixei de querer agradar a seja quem for. Sou quem sou no respeito que tenho por mim e pelos outros. Não ultrapasso limites por ninguém, a não ser que esses limites também sejam os meus. Aprendi que o egoísmo faz parte de mim, não de forma insana, mas na dose suficiente para compreender que só posso dar-me se me entender primeiro. Já faz algum tempo que não leio histórias nem consigo acabar de ler um livro. Percebi que é mais fácil para mim escrevê-las e vivê-las. Talvez um dia me torne um poeta ou até um escritor. Hoje, sinto-me mais como um compositor de emoções. Chega-me.

○

Fazes-me bem. Se não me fizesses bem, não ficaria contigo. Fazes-me bem porque me escutas e deixas falar. Fazes-me bem porque, quando percebes que terminei de falar, tocas-me no rosto com a ponta dos teus dedos e confortas o meu silêncio com um sorriso. Aprendeste a conhecer-me, não porque me dei a conhecer, mas porque tens o dom de fazer revelar quem sou através de ti. É por isso que me fazes bem. Se não me fizesses bem, não teria conseguido tocar o céu contigo. Fazes-me bem porque me fizeste acreditar que só quem ama presta atenção ao céu. Fazes-me bem porque me abraçaste quando escolhi confiar em ti. Fazes-me bem, porque sobressais o melhor que há em mim, mesmo quando sabes que ainda tenho tão pouco para te dar. Fazes-me bem porque me fazes sentir especial. Fazes-me bem porque não me prometes nada e dás-me tanto. Fazes-me bem porque, quando me abraças, o teu abraço é demorado e tem a forma do meu corpo. Fazes-me bem porque mostras que me amas sem me pedires que te ame. Fazes-me bem. Se não me fizesses bem, não ficaria contigo, porque um dia prometi a mim mesmo que só ficaria com quem me mostrasse todos os dias que não quer ficar sem mim.

Já tive saudades de quem não conheço. Já desejei muito encontrar alguém que me impeça de apregoar aos quatro ventos a minha solidão. Sinto falta de quem me falaram que existe. Quero muito alguém que me veja, mesmo sem me estar a olhar. Alguém que dance comigo onde já ninguém dança, que me ame onde dizem já não haver amor. Quero quem me ligue a mim sem me desligar de quem sou. Uma prova de liberdade. Um sabor a paixão. Uma aventura sem fim. Alguém que goste de tocar as estrelas comigo, de baralhá-las e voltar a espalhá-las pelo céu. Alguém que nunca se habitue à minha presença e não suporte a minha ausência. Alguém que me dê uma vida sem morte, um rebuçado numa caixinha de papel, uma imprudência, um pouco de vento e chuva sobre o rosto.

Prefiro coisas naturais, coisas que me estão no sangue.

Beija-me onde for e como quiseres, mas beija-me mesmo. Não me dês daqueles beijos que cheiram a beijo de dormir, nem daqueles que soam a despedida sem partida. Beija-me inteira, com a língua, os lábios, as mãos, os dedos, os seios, as ancas, com muita imaginação, paixão, tesão e loucura. Se não for para me beijares assim, nem te tentes aproximar. Um beijo só me faz sentido se for desse jeito. Tem de me arrebatar e fazer voar. Tem de me colar estrelas no céu da boca e encher-me a boca de água salgada. Tem de me matar duas vezes sem me tirar a vida uma só vez.

○

Não preciso de ninguém para ser feliz. As pessoas entram na minha vida da mesma maneira natural como saem. Não as agarro nem empurro. Liberto-as, como me liberto de depender de seja quem for para encontrar a minha felicidade. Já não sei fazer de modo diferente. Já não quero fazê-lo de outra maneira. A minha felicidade está na ausência de concessões e na consciência de quem desejo ser comigo mesmo. No entanto, a minha felicidade fica mais feliz quando te tenho comigo, quando posso encostar a minha cabeça no teu peito e fechar os olhos, em silêncio, com um sorriso nos lábios e um suave cansaço a percorrer-me o corpo. A minha felicidade fica ainda mais minha. Contigo.

○

A maneira como sorrio tem muito a ver com a forma como me respeito. Estou num ponto da minha viagem em que começo a compreender muito mais da vida. As recentes perdas foram paragens necessárias e pertinentes. A tristeza é uma das minhas maiores enciclopédias. Assim como o amor. A mistura das duas reescreve o passado com tinta do presente. Em silêncio. Como um sorriso. A antecipar a alegria. A alegria de viver sem relógio nem calendário.

Há algo de poético no medo. Há algo de inspirador em todo o amor. Há algo de aventura na alegria de seguir em frente sem olhar para trás. Tenho a certeza de que quando morrer, vou ser a subtração de tudo o que fui em vida. Acredito que a morte é tudo aquilo que não consegui ser enquanto por aqui andei. Uma espécie de nova vida do que não vivi. Uma possibilidade de sentir aquilo que não senti, uma oportunidade de ser o que me neguei a ser por medo ou amor. Se não for nada disso, será seguramente algo que me fará sorrir, porque acredito que a morte é antes de tudo um sorriso de regresso.

Se existe alguém fácil de entender, são as mulheres. A sua simplicidade faz-me sorrir, e eu gosto de sorrir, porque só o que é simples merece o meu sorriso. Acredito que toda a mulher tem um lado absurdamente sensual que poucos homens conseguem despertar. Acredito no corpo de uma mulher. Acredito no desejo de uma mulher. Acredito na sua sensibilidade, porque eu próprio tenho um lado feminino e sensível, esse lado que me permite de conhecê-las o suficiente para dizer que as entendo.

Prefiro sempre os encontros do que a procura. O verdadeiro sentido de cada encontro está no encontro em si. Não está no antes, nem no depois. Está no momento em que acontece. Só nesse e em mais nenhum, porque é nele que me sinto mais perto do que já não tenho de procurar. Se tivesse hipótese de escolher, viveria apenas de encontros. Adoro conhecer quem não conheço, deslumbrar-me com aquilo que ainda não sei sobre quem ainda não vi, existir para lá do que estou habituado. Cada encontro marca para mim um início. Uma nova aventura. Um mundo de possibilidades à minha frente. Cansei-me de procurar seja o que for. Prefiro cada vez mais esperar pelos encontros. Espelham sempre o melhor de mim. E de quem encontro.

Cada pessoa tem sempre um motivo para que eu goste dela. Nem sempre é o mais óbvio, mas quase sempre é aquilo que reconheço como sendo algo que também existe em mim. Posso até não o ter, mas sinto-o como meu. Identifico-me nele. Sorrio quando o vejo sem o ver, quando o toco sem o tocar. É a cicatriz de um golpe que nunca sofri. É a razão sem lógica que me faz de cada vez aproximar de alguém. Se a questiono, perco-a. Se a aceito, começo a escrever uma história, uma história ainda só minha, mas agora também com a textura de mais alguém.

Gosto de pessoas intensas, que se entregam com paixão, que rasgam os lábios por um beijo. Preciso de sentir a sua loucura, a maneira impensada como pensam e fazem tudo, como sentem mais do que os outros apenas porque acreditam no que sentem. Gosto de quem agarra com a alma, abraça com o coração, ama sem qualquer lógica senão a da vontade. Não tenho tempo para pessoas insossas, lentas, preguiçosas, medrosas, hesitantes, em que tudo deve ser pensado mil vezes antes de acontecer. Não suporto apertos de mão flácidos, beijos no ar e palavras musicalizadas de ironia e armanço. Evito pessoas que me medem com os olhos e falam sem me olhar. Fujo de quem fala demais ou critica e julga sem parar. Gosto de gente simples, mas louca. Gosto de gente louca, mas simples. Preciso de loucura à minha volta. Fico louco sem essa boa loucura que me faz sentir todos os dias mais vivo do que nunca.

Quero ser sempre a mudança que me valida comigo mesmo. Tudo o que já aconteceu na minha vida já não me muda mais. A ligação que posso ainda manter com o meu passado só me atrasa ainda mais na alegria de viver. Todo eu sou mudança. Todo eu sou ousadia. Nada me muda mais da forma como me mudava antes. Hoje, tudo é o resultado da minha atitude para comigo mesmo. Nada é por acaso. Nada resulta de culpa ou sofrimento. Tudo acontece porque precisa de me acontecer. Tudo vem ter comigo para que eu tenha a capacidade de sentir a grandeza do meu espírito, esse tipo de grandeza que atinjo quando esqueço a ideia de que as coisas podiam ser melhores ou diferentes. São aquilo que são. São para mim. São um bocadinho do meu céu aqui na terra.

Gosto de quem usa um brinco pequenino no canto do nariz. Não hesito um segundo em trocar conversas sérias com pessoas sisudas por gargalhadas com quem se tatua ou coloca anéis em quase todos os dedos. A capacidade de sorrir de quem usa rastas ou meia cabeça rapada faz-me parar no meio da rua e da multidão. Gosto de quem não liga a olhares amargos ou palavras cuspidas de passagem só porque veste roupas diferentes ou usa colares de conchas ou missangas. Tenho um lado que se revê na diferença, não apenas pela diferença, mas na diferença que é diferente de todas as diferenças. A diferença que vem da alegria.

Só entro onde me convidam para entrar. Só fico onde não penso no momento em que vou sair. Sou assim, alguém que não quer saber do que pensam dele se não ficar ou decidir partir e que não dá nenhuma importância ao que acreditam que devia fazer ou dizer. Quem não me aceita como sou, não me permite escolher livremente. Mato a minha sombra se for preciso, mas não fico debaixo do sol de quem não me respeita. Há páginas que nunca hei-de escrever. Há ideias que nunca tornarei em verdades nem sequer em mentiras. Sou assim, uma metade de tudo numa outra também de tudo. Não existe ninguém igual a mim. Nem nunca haverá. Sou diferente, apenas porque me recuso a sofrer como os outros sofrem. Quando sofro, sorrio, não porque não doa, mas porque tenho um anjo que me faz cócegas na palma das mãos.

Todo o amor que não inclua loucuras, caprichos, aventura, bons vinhos e bom sexo, é apenas uma boa amizade. Quem professa o contrário, não conhece o verdadeiro espírito do amor. Estou um pouco cansado de tantas teorias e doutrinas que falam do amor de uma forma demasiado perfeita, como se estivesse num patamar acima de qualquer um de nós. O amor é uma dádiva e não um milagre. Se o atraímos é porque estamos preparados para vivê-lo. O problema põe-se quando não acreditamos nele ou não sabemos protegê-lo. Morremos antes mesmo de o viver. Dizemos depois sofrer por amor, como se isso fosse possível. Ninguém sofre por amor. Só sofre por amor quem não entende nada sobre o amor. Podemos ficar tristes, mas se sofremos é porque nos esvaziámos de nós mesmos nesse amor. Quem ama, não precisa de mais nada. Tudo o que recebe é na medida do que não espera. E do que sempre foi dele. Apenas e só.

Há momentos na vida em que o teu mundo fica muito pequenino, frágil, impotente. De um instante para o outro, tudo parece ter ficado irreal, estranho e irremediavelmente diferente. Queres falar, mas as palavras não saem ou, se saem, não parecem mais ser as tuas. Escutas outras que nunca pensaste escutar e ficas a olhar sem ver mais nada. Aprendeste a aceitar para mudar, mas há alturas em que a questão muda de imediato no primeiro piscar de olhos a seguir às palavras. É só depois, quando o teu mundo fica muito pequenino, frágil, impotente, que choras as primeiras lágrimas, sem querer, como se falasses através delas e não quisesses ouvir mais nenhuma pergunta ou respostas às que nunca quiseste ter de fazer. Quando o teu mundo fica muito pequenino, só tu o podes voltar a fazer crescer. Tu e os que realmente entendem o que é amar.

○

Quando te fartares de alguma coisa, não a varras da tua vida sem antes entenderes porque a atraíste, senão podes ter a certeza de que vai voltar, nem que seja sob outra forma ou noutro contexto. Quando deixares de te sentir apaixonado por alguém, permiti-lhe que parta sem julgares que uma parte de ti parte com ela. Na verdade, nada parte. O que vai embora é apenas aquilo que veio, agora com mais conhecimento sobre quem foi enquanto por aqui ficou. Quando te sentires desrespeitado, recupera o poder que deste a essa pessoa sobre a tua vida. Não permitas que o desrespeito vire indiferença e dês por ti deposto do lugar que no início foi teu por direito ou amor. Quando te sentires desconfortável em algum lugar, sai. Todos os momentos em que lá continues só vão contribuir para te trazer ainda mais sofrimento. Sai e, se não tiveres para onde ir, sai na mesma e de qualquer maneira, porque naquele instante nenhum lugar é pior que esse para ti. Quando não conseguires falar aquilo que queres falar, escreve. Aquilo que é escrito fala mais alto e permanece mais tempo no tempo. Quando não souberes o que dizer, escuta o teu coração. Tudo aquilo que precisas de saber sempre esteve lá à tua espera. E quando pensares que não tens nada para fazer, olha para ti e vê-te mais uma vez. Pode ser que dessa vez compreendas tudo aquilo que tens esquecido de fazer.

○

Gosto de sentir o mundo num abraço, de nunca me habituar à falta dele, de deixá-lo transcender a minha vontade de que dure para sempre. Gosto de sentir o vento nos meus lábios, de senti-lo como se sentisse um beijo fugidio e fresco, de segui-lo com o olhar como se seguisse um eco ou um perfume. Gosto de pensar em coisa nenhuma, de ficar em silêncio, de colocar a mão sobre o peito e dançar ao ritmo do meu coração. Gosto de saber voar sem levantar os pés do chão, de bater as asas sem mover um músculo, de me imaginar lá no alto a planar ao sabor dos sonhos e da vida. Gosto de quem me tornei, de como me sinto hoje, de como deixei que a minha luzinha crescesse dentro de mim e iluminasse tudo o que me digo. Sou assim. Um homem grande feito de coisas pequeninas.

○

Aquilo que me dou é bem maior do que tudo o que alguém me pode alguma vez dar. Sei que é difícil de acreditar nestas palavras, mas também não quero que acreditem. A verdade é que não quero que acreditem em nada do que digo. Quero que me contestem e duvidem de mim, que me ponham em causa e julguem, que me atirem pedras e falem mal do que defendo, que me mandem foder se for preciso, porque essa é uma das melhores formas para poderem ter consciência de quem estão a ser neste momento. Amo-vos. Não me ocorre dizer mais nada.

○

Queres ter poder para fugir às emoções e a esse medo terrível de te sentires só. Queres ter poder para que o teu medo pareça aos olhos dos outros como ambição ou inteligência. Queres ter poder para esconder a tua enorme necessidade de amor. Queres ter poder para te sentires mais do que aquilo que acreditas ser. Queres ter poder porque sem poder temes ceder a esse vazio que te persegue como uma sombra. Deixa-me dizer-te uma coisa. Todo o poder que tens vai exigir muito mais de ti do que aquilo que podes dar. Um dia, vais perder esse poder. Um dia, vais ter de aceitar esse vazio de que foges há demasiado tempo para que se possa transformar na tua dor da transformação. Quem vive para o poder só muda pela dor. Não existe outra forma. Não existe outro caminho.

De vez em quando, gosto de ir até ao meu céu. Sento-me numa nuvem e o meu deus vem ter comigo. Normalmente, subo até lá porque quero chorar sem que ninguém me veja. Não tenho vergonha. Tenho apenas vontade de fazê-lo sozinho. O meu deus não conta. Sou eu em tamanho grande. A sua mão fica pousada sobre o meu ombro enquanto choro. Só isso. Não diz nada, a não ser que lhe pergunte alguma coisa ou olhe na sua direcção. Por vezes, o meu pai e o meu irmão juntam-se a nós e choramos os quatro sem falar coisa alguma. O choro é a nossa linguagem. Se for para chorar, que seja com eles, porque o regresso fica sempre mais alegre depois de chorar no meu céu.

Já não preciso de garantias para escolher um novo caminho. Preciso apenas de sentir vontade de segui-lo. O medo de perder alguma coisa já não tem dentro de mim o mesmo eco de há uns tempos atrás. Hoje, sei que não perco nada e tudo se transforma. Nada do que vivo mantém-se igual para sempre. Nada fica comigo mais do que o tempo necessário para me marcar. Nada mais faz sentido se não me fizer sentir livre. A verdade é que tudo existe na minha vida à semelhança de uma oração. Se me fizer ajoelhar diante de um deus que dizem amar-me, se me obrigar a fazer aquilo que o meu coração não quer, não é mais uma oração. É apenas uma pequenez diante da imensidão da minha vontade.

○

Não procures respostas quando não sabes fazer as perguntas. O maravilhoso da vida é que na verdade nunca precisas de respostas. Precisas apenas de acreditar naquilo que sentes. Se não te achas capaz de acreditar em ti, serás sempre uma repetição de quem não és até que o cansaço te transforme num hábito do mesmo e numa paixão de coisa nenhuma. Aquilo que deves aprender é a escutar-te. Esquece os diplomados, os gurus, os sábios, se nada do que dizem ou escrevem faz sentido para ti. Não é porque são quem são que sabem a tua verdade. Só tu a conheces, porque só tu a vives. Só a tua verdade é capaz de te fazer sentir livre. Só aquilo que te faz sentir livre é suficientemente capaz de te fazer sorrir sem que precises de respostas. Apenas e só pelo prazer de sentir. Sem mais nada. Sem nada mais.

○

As pessoas ainda não se aperceberam da inutilidade do tempo. O importante é desligares-te, não dependeres emocionalmente de ninguém. Ama, mas não deixes de viver a tua vida. Ama, mas não dependas de seja quem for. Desliga-te sem te afastares. Desliga-te e fragiliza-te. Quando te fragilizas, sentes ainda mais a tua vida. Pode até parecer-te uma contradição, mas é quando estás frágil que mais te devias desligar. Se não o fizeres, podes muito facilmente ter pena de ti mesmo. A fragilidade torna-te carente de quase tudo aquilo que achas que te faz falta. Na verdade, a única coisa que te falta é ligares-te a ti mesmo. Parar em ti. Ficar em ti. O segredo é esse. O resto é apenas tempo.

Não tenho medo de morrer sozinho. Acredito até que é preferível. Acho que partir deve ser um acto solitário, um encontro sereno com aquele momento em que o coração deixa de falar e a alma destatua-se do corpo. Não me assusta a solidão, porque me tenho a mim. Não sei se morrerei em casa, num hospital, debaixo de água, num acidente, perdido numa floresta ou nos teus braços. Aquilo que sei é que desejo morrer sem deixar nada por viver.

A verdade é que gosto mais daquele amor que ainda não sei se é amor, o amor onde ainda não existem obrigações nem condições, onde basta rir e tocar ao de leve no braço, onde cada momento é intenso e inesquecível, onde ainda nenhum de nós jurou amar o outro para sempre.

○

Nunca gostei de coisas mais ou menos. Parece que não são de ninguém, nem servem para grande coisa. Ficam entre o que é e o que não é, e têm sabor a quase nada. Coisas mais ou menos não costumam ter lugar na minha vida. Dão-me sempre a sensação de que também eu sou mais ou menos. Nada nelas puxa pela minha paixão. Dir-se-iam ficar pelo habitual. E o habitual tem tendência para despertar em mim uma certa apatia. A verdade é que sempre me dei melhor com tudo aquilo que me apaixona. Se não me apaixona, pelo menos que não me deixe indiferente. Se não me apaixona, pelo menos que me deixe continuar a identificar o que me apaixona. Sem paixão, esqueço-me do que vim cá fazer. Parto, sem querer mais voltar.

A idade fez-me aprender a não falar quando as palavras parecem insignificantes. Há momentos em que é mais próprio não dizer nada e ficar apenas a olhar alguém nos olhos. Os olhos são pedaços de história por contar, sonhos sem rede nem trampolim. Invocam desafios de alma e sangue, chamamentos de pele. Confundem e seduzem como pedaços de vento no rosto. Calam como a falta de fôlego ou a desmemória. A urgência em olhá-los em silêncio acontece porque conseguem revelar os maiores segredos sem nome do coração, os sentimentos que se tornaram apenas respiração acelerada, os gritos que se perderam no tempo do amor e do sofrimento. Existem pessoas cujos olhos são viagens sem destino nem data de regresso. E existem outras cujos olhos se fecham com medo de virem a ser mais do que apenas olhos.

Já não quero que nada dure para sempre. Já não desejo repetir experiências. Já não quero perpetuar coisa nenhuma. Só quero aproveitar o que me está a ser dado neste momento pela vida. A verdadeira magia de tudo não está no seu futuro, mas no seu instante. Amanhã, tudo é o que for. Hoje, tudo é o que é. Quero viver cada coisa como se não existisse o amanhã ou o depois. Só tenho sentido se não quiser estar lá à frente. Se sentir medo, enfrento. Se quiser fugir, contrario e usufruo da minha permanência. Se quiser restabelecer-me, guardo as armas e fico em casa. Não há vergonha nenhuma em parar. O problema está sempre em querer andar depressa demais.

As pessoas que acabo por achar mais interessantes, nem sempre são aquelas que me empolgam logo de início. Conheci pessoas que só descobri quem realmente eram no momento em que pronunciaram uma palavra ou fizeram um gesto que passou a fazer parte daqueles instantes que não esqueci mais. Tenho por certo que aquilo que me surpreende à primeira vista, perde rapidamente o encantamento. Acho que sou pouco de deslumbres. Gosto de gostar de quem me surpreende no tempo, sem pressas e adiamentos. Gosto de entender nas pessoas aquilo que os olhos e os sentidos não me revelaram no primeiro momento. A descoberta excita-me. Os segredos deixam-me um sorriso nos lábios. Sou um pouco assim. Acredito naquilo que poucos ousam ainda acreditar.

○

Só percebi o que era verdadeiramente um compromisso no dia em que tomei consciência de que não tinha nenhum, porque os únicos compromissos que existem são aqueles em que me sinto ainda mais livre quando os assumo.

○

Gosto de acreditar no impossível. Se assim não fosse, possivelmente morreria sem sorrir o suficiente para poder amar a minha vida. Aprendi a medir tudo pela dimensão do sorriso que me provoca. Quando sorrio, nasço um pouco mais a cada dia. Funciona como um parto de amor. Um espaço onde esqueço o tempo e me viro ao contrário para ver o lado iluminado da lua. A verdade é que não consigo imaginar a minha vida sem impossíveis. Acho que prefiro morrer. Pelo menos no céu tudo é possível. Foi um anjo quem mo disse e eu acreditei, apenas porque mo disse com um sorriso no olhar.

Deixei de ter medo da morte a partir do momento em que passei a amar a vida. Quando olho para trás e percebo que passaram a voar os meus primeiros cinquenta e seis anos de vida, consigo ficar sereno e mesmo sorrir. Já não penso na morte, assim como já não dedico tempo nenhum àquilo que é inevitável. A cada dia que passa, morro para o dia anterior e vivo para o dia de hoje, não como se fosse o último, mas como se fosse mais um dia sem igual. Deixei de ter medo da morte quando aceitei que é outra vida. Tudo existe para se transformar e nada fica sempre o mesmo. A fé substituiu a lógica e percebi que tudo acaba sempre por se resolver. O importante é viver, não em esforço ou em sofrimento, mas sempre onde o céu e a terra se unem dentro de mim.

Nunca perdi por ser verdadeiro. Sempre quis reconhecer-me pelo que faz parte de mim e não pelo que reconheço nos outros de mim próprio. Sempre soube que os espelhos reflectem aquilo que eu quero ver. Posso até não acreditar, mas o que vejo à minha frente é um reflexo do que quero pensar sobre mim mesmo. Houve tempos em que via os meus defeitos em primeiro lugar. Hoje, vejo os meus olhos. Nada mais. Acho que entendi que é neles que mora a minha alma. Dito de outra forma. Aquilo que não quero mais deixar para trás.

Quando quero lembrar-me de quem sou, escuto música. A necessidade de uma prova de que existo é como uma corrida entre dois pontos que se afastam continuamente. Muitas vezes, tenho a sensação de estar onde estou sem estar onde estou. Olho as pessoas e os lugares como se não fossem reais. Assusto-me. Dir-se-ia que estou a fugir de onde nem sequer me movo. A cabeça roda sobre um círculo de espaço e tempo. Cada segundo transforma-se num minuto, cada minuto em dois. Só o som da música me traz de volta. Segura-me à realidade. Faz-me sentir que pertenço a algo. Rouba-me um sorriso. Devolve-me a sensação de que nada é por acaso. Lembra-me mais uma vez quem sou e o que ando a fazer por aqui.

A sensualidade de uma mulher está toda nos seus ombros, na forma como os move enquanto caminha, no jeito como os atira para trás quando faz amor, na maneira como os parece aquietar quando fica em silêncio. Adoro os ombros de uma mulher. Adoro como se curvam quando lhes toco, como se arrepiam antes de serem beijados. Os ombros de uma mulher expõem toda a beleza do seu voo. São a marca mais íntima do seu corpo. O lugar onde pouso a cabeça. Onde escuto o som da sua pele. Onde sinto a urgência do seu amor.

○

Sinto uma enorme necessidade de parar. Não estou cansado, nem deprimido. Sinto apenas uma grande vontade de acabar de vez aquilo que estou a fazer e escolher um novo desafio. Sempre vi a vida desta maneira. Nunca aceitei concebê-la finita e sem graça. Preciso de aventuras como preciso de mudanças. Não sou capaz de ficar muito tempo onde não me sinto bem. Não concebo esforço e obrigações, tolerâncias e exigências. Digo a todos que sou livre e faço questão de sê-lo. Cumpro aquilo em que acredito. Talvez por isto seja compreendido por poucos. A liberdade não é para todos. É para aqueles que decidem parar quando o mundo inteiro lhes diz para continuar.

Já não hesito um segundo que seja em fazer aquilo que me parece mais ilógico e prematuro, desde que sinta que devo fazê-lo. Hoje, aventuro-me muito mais do que antes, porque já não penso tanto no resultado, mas mais no gozo do instante. Para muitos, sou um louco, alguém que não deve servir de exemplo para ninguém. Permitam-me corrigir. Não quero ser modelo para seja quem for. Quero apenas viver a minha vida. Ponto final. Se alguém quer fazer o mesmo que eu, que assuma a sua própria responsabilidade. Não fico aqui para assistir a nada, nem ser acusado ou elogiado de seja o que for. Quando olharem para o lado, já não estou lá. Estou a caminho da próxima aventura, do sonho seguinte. Como sempre faço.

Não é possível reunir o consenso de todos sobre quem sou. Uns, acham-me generoso, outros, egoísta. Uns, acreditam em mim, outros, chamam-me de mentiroso. Uns, creem-me simples, outros, arrogante. Uns, gostam do que escrevo, outros, nem por isso. Uns, entendem-me, outros julgam entender-me, e outros ainda não me vão nunca entender. Se fosse ligar à impressão que causo nos outros ou ao julgamento que fazem sobre aquilo que digo e faço, hoje não escreveria nem uma linha e já teria seguramente morrido em vida há muito. A verdade é que se quisesse agradar a todos, seria muito pouco de tudo e pouco de quase nada. Um mendigo de amor sem lugar fixo para amar.

Nenhuma dor é igual, nem nenhum amor pode ser semelhante. Comparar dores e amores é um sortilégio para quem ainda os sente ou perdeu-os em definitivo. É um desrespeito ao respeito que cada um merece. Não existe dor sem tristeza, nem amor sem medo, assim como não existe coração sem alma ou presente sem passado. Ainda que digam o contrário, ninguém sabe viver sem dor, nem sobreviver sem amor. É na dor que nos revelamos, e no amor que queremos sem sucesso fundamentar a nossa vida. A dor cria hábitos de dor, e o amor inventa sonhos de sonhos. Ninguém sabe viver sem qualquer um deles. Ninguém parece conseguir viver sem os sentir a ambos. A dizer a verdade, sem dor e amor julgamo-nos incapazes de viver qualquer história digna de ser contada.

Tatuei-me porque quis gravar sobre a minha pele o sorriso da minha liberdade. Já fui acusado de falar demasiado de liberdade como forma de me convencer de que sou livre sem verdadeiramente o estar a ser. São opiniões e todos somos livres de dá-las. O importante é aquilo que sinto bem dentro do meu peito. Sou livre porque aprendi a viver o momento, o instante, o décimo de segundo em que começo a esboçar um sorriso, a centelha de tempo em que toco nuns lábios antes de um beijo, o silêncio em que escuto a minha voz ao acordar, o hiato que sucede à consciência de quem sei ser, com dúvidas e hesitações, sem deixar de me lembrar de como cheguei até aqui, num mérito que mistura amor, medo e coragem. Sim, sou livre. Disso tenho a certeza. A minha outra certeza vem de não querer saber mais nada.

Amar alguém é também uma demonstração de animalidade. Não se ama verdadeiramente alguém sem se ser também animal. Amar de forma animalesca é sentir a mordida na pele como se se tratasse de um beijo. É agarrar como se fossemos matar o que nunca morre. É rasgar os braços e as pernas sem deixar qualquer rasto de sangue. É gemer no lugar onde se deviam dizer palavras de amor. É largar pêlo nos sítios onde se amou de forma intensa. É deixar a marca de pegadas fundas sobre os lençóis. É beber o que tem sabor a sede. É gostar do que nunca se provou. É ser animal sem deixar de ser amor.

◯

A verdade é que nada acontece por acaso, porque és tu sempre quem cria esse acaso. Não te vale de nada culpar a tua sorte ou o teu destino. Aquilo que estás a viver é sempre o melhor para ti. Não queiras negá-lo nem escondê-lo de ti mesmo. Se o fazes, nunca irás entender a razão de estar a sentir o que sentes. Respeita sempre o teu sentir e segue a tua vontade. Deixa-te levar pelo que te faz ficar em paz. Sente essa paz e trá-la contigo para onde fores. Nada mais vai ser como dantes, porque já compreendeste que só depende de ti a maneira como te sentes face a tudo o que vives. Se não fosse assim, tudo seria igual para todos. Como uma fatalidade. Ou uma maldição. Como uma vida sem qualquer vida.

○

Sou em grande parte o que sempre quis ser. Deixei de ter na minha vida pessoas que me boicotam e ferem, pela simples razão de que o melhor remédio é evitar contágios e doenças. Vivo da minha verdade e aprendi a detectar a mentira dos outros nos seus olhos e na forma como mexem todo o seu corpo. A mentira tem um cheiro intenso a cobardia. E a cobardia tem lugar em todo o inferno longe de mim.

○

Adoro transgredir o que faz parte de mim, exceder o que sinto e acredito, ir mais além daquilo que já sei, permitir-me colocar tudo em causa para criar algo de novo, tornar reais muitas das impossibilidades com que sonho, lançar-me provocações que transformam tudo o que penso e sinto em aventura e loucura de viver. Toda a transgressão é um acto divinal, porque fico livre para fazer tudo o que me apetece fazer comigo mesmo. Na desobediência, tornei-me quem sempre soube ser, uma mistura de rebeldia e sorrisos, de felino e sensualidade, de lobo e cordeiro sem medo de lobos, de anjo e demónio, de amor e mais amor, de tudo e muito mais de tudo. Para sempre. A qualquer altura.

Hoje, pensei muito em ti. Pensar em ti faz-me estar mais perto de mim. Tudo em ti é meu. Apossei-me de ti como se me apossasse de algo que sempre foi meu, ainda antes de te saber minha. Possuir-te dá-me a sensação de ser também teu. És minha porque um dia deixaste que fosse teu. É a posse que nos liberta. É a posse que nos une, porque para nós posse é sermos um mais um e dois ao mesmo tempo.

Deixei de exigir seja o que for a seja quem for no dia em que entendi que cuidar de mim começa e acaba em mim próprio. A forma como escolho é proporcional à maneira como me respeito. Já não procuro quem me salve, nem quem me ensine a voar. Descobri que sei voar como ninguém e compreendi que só eu me posso salvar a mim mesmo. A liberdade é feita deste modo. É uma mistura de fogo nas veias e sal entre os dedos, de lágrimas nas costas das mãos e amores sem fim. É um rio sem margens e um oceano sem fundo. É um álibi sem crime e um tempo sem tempo para sentir medo. É uma vida dentro de outra vida.

Não fiques muito tempo num lugar onde entraste já a pensar no momento em que vais sair.

○

Gosto de luz, de muita luz, da luz do nascer do sol, da luz parda do meu candeeiro de mesa de cabeceira sempre que acordo a meio do sono, da luz dos teus olhos quando te convido a subir comigo, da luz brilhante das montras das lojas nas noites escuras de inverno, da luz de algumas palavras e sorrisos que escuto no meio da multidão, da luz clara da esperança e da coragem que sinto no momento em que abro cada janela para a rua, da luz de uma noite de luar enquanto bebo sem ti um vinho de saudade, e acima de tudo da luz que vem da própria luz. Sem luz, sinto-me estar onde não pertenço. Preciso de vê-la para lá de onde ela me transporta. Sou um filho da luz, não apenas da luz divina, mas da luz que me percorre o corpo por dentro e por fora como uma longa história de vida. Sou luz, porque sempre acreditei na minha felicidade. Sou luz, porque sangro muito a cada dor.

Sou luz, porque já há muito que deixei de querer ser escuridão.

Se medisse o prazer de viver pela dimensão da fragilidade da vida, ficaria em silêncio. O medo de morrer já não me persegue desde que vi o meu pai sem vida na sua cama. O seu rosto estava sereno e pedi a quem lá estava para me deixar ficar a sós com ele. Sentei-me numa cadeira do seu lado e toquei-lhe na mão. Senti o frio que se apoderou tão rápido do seu corpo e comecei a falar-lhe. Agradeci-lhe tudo, o bom e o menos bom que me deu e não deu, os olhares que me assustaram na infância e os que me confortaram na proximidade da sua morte, as palavras duras que disse e calou noutros passados em que esteve comigo, os ténues e finais sorrisos que deixou nascer nos seus lábios quando me pedia que voltasse no dia seguinte para ficar a conversar com ele. Algo em tudo isto deu-me a certeza de que a morte é a verdadeira inspiração da vida. Vivemos até morrer, não porque acaba, mas porque cumprimos. O resto do caminho é feito para lá desta vida, noutra vida, num tempo e num espaço diferentes onde se recebe aquilo que nunca se esperou. É uma viagem nas costas de um cavalo alado. Um rodopio de anjos que nos acolhem ao som de harpas e flautas. Um sonho tornado enfim realidade. Nada mais. Tudo, apenas.

Já há muito tempo que aceito que tudo pode mudar, que tudo pode acontecer, que nada veio para ficar sempre igual, que tudo pode deixar de contar. Já há muito tempo que entendo que a única coisa importante é que coloque quem verdadeiramente sou em tudo aquilo que estou neste momento a viver, sem me preocupar com o resultado final, mas apenas com a vivência em si. Tudo isto pode parecer insano e até mesmo irresponsável da minha parte, mas na verdade não é. Bem pelo contrário. Viver cada coisa no seu tempo é uma escolha apenas daqueles que criam histórias com novos ângulos de visão. Não é o futuro que importa, mas a extensão do meu presente. Não sou eu quem muda a vida, mas a vida que muda para mim porque eu mudei.

Cheguei a um ponto da minha vida em que já não quero nem preciso de impressionar ninguém. Digo o que digo, faço o que faço, sem pensar naquilo que vou provocar nos outros. Respeito todas as pessoas com as suas ideologias, crenças e tendências, mas não deixo de dizer a minha verdade. Quanto mais fácil me parece viver, mais facilmente escolho aquilo que quero. Já não hesito um segundo para proclamar a minha liberdade e a minha felicidade. Sou feliz, unicamente porque deixei de pôr a hipótese de ser infeliz. Sou feliz, porque a opinião dos outros deixou de ser importante para mim. No meio do tudo e do nada fica a certeza de me conhecer melhor. Para lá disso, fica tudo aquilo que deixei de querer saber.

Todos têm o seu próprio tempo para se divertir, mas o teu é quando tu quiseres.

○

Tenho o talento de escrever o que o meu silêncio me fala. Houve um tempo em que não pronunciei uma só palavra. Vivi na dor de calar. Falei com os olhos e ninguém me entendeu. Nem tu, que dizias amar-me, que dizias ver-me. Ao contrário das palavras, o silêncio não tem voz. Tem tudo.

○

Quero que se foda o karma. A sério, estou-me a borrifar se traí, menti, matei ou jurei sem ter cumprido. Tenho um compromisso com a vida, hoje e não ontem, e acredito na minha capacidade de escolher entre o mais fácil e o melhor. Não tenho medo de não ter medo do karma. Se Deus existe, não vou aceitar que me condene pelo que fiz no passado. Bem pelo contrário. Se não estou a aprender com tudo aquilo que faço, se não aprendi com tudo aquilo que fiz, então é porque não estou a viver, mas a morrer em vida. Não me assusta que digam que estou condenado a pagar pelo que fiz. Não acredito. Pode até parecer presunção, mas não me arrependo de nada. Fiz o que fiz porque fiz. Por isso, quero que se foda o karma. Poupem-me as merdices e deixem-me viver sem temer o meu passado.

○

Tenho uma tendência a me resguardar quando sofro. Prefiro ficar comigo do que falar do que sinto a seja quem for. Normalmente, só o faço depois de tudo ter acabado. Acho que sou um pouco como os gatos. Prefiro lamber eu mesmo as minhas feridas. Não sei se é o melhor, mas é aquilo que me faz sentir melhor. Sinto-me mais próximo de mim mesmo, e já há muito que percebi que sou um dos poucos que não me faz mal. A verdade é que prefiro assim, ser um gato a lamber as suas próprias feridas. Por estranho que possa parecer, traz-me a sensação de não estar sozinho.

Existem loucuras que curam, desejos que se transformam em verdadeiros milagres, momentos que valem uma vida.

Quando estou sentado num café a conversar com uma mulher que já vi nua, a conversa acaba sempre por cair no que aconteceu entre nós. O sentido de humor das pessoas que já se desejaram e não se desejam mais é muito parecido com a falta de talento para a verdade. Há um silêncio de teatro colado na mesa. Nada parece acontecer de forma natural. É ridículo o que ambos estamos a sentir, porque a vida parece reduzir-se ao tempo do final, às desculpas, às ofensas e às mentiras. Ninguém sorri, nem sequer mostra os dentes a falar. Existem cerimónias fúnebres que conseguem ser mais divertidas. A conversa é regra geral rápida, como se se devolvessem anéis de noivado ou cartas de um amor morto. Quando nos levantamos, já nem sequer nos lembramos mais da nudez um do outro. Há apenas um desejo de partir para onde o amor tenha uma cor diferente, um sabor menos amargo que o silêncio e todos os nossos fantasmas.

No momento em que entendi o valor e a importância do respeito que mereço e me devo, não permiti mais que escolhessem por mim ou me obrigassem a ser quem não quero mais ser. A minha vida tornou-se naquilo que mais desejo. Não é perfeita aos olhos de ninguém, nem nunca será. Também não me importo em nada. É aquela que escolho a cada manhã e acolho a cada anoitecer. É a minha vida. Cada vez gosto mais dela. De cada vez volto sempre ao mesmo. Sou definitivamente o homem mais apaixonado que existe. Não conheço nenhum outro capaz de tanto amor pela minha vida. Talvez só a própria vida por mim. Talvez só mesmo ela.

○

Tenho uma tendência para mulheres loucas, pura e simplesmente porque se apaixonam loucamente pela vida, por desafios, pela aventura, por sorrisos ao despertar, por roupas arrancadas sem regra nem jeito, por livros de poesia de autores desconhecidos, pelo sol, pela lua, por animais abandonados de olhos melosos, por causas e revoluções impossíveis, por café em dias de ressaca, por vinho tinto e licores exóticos de lugares perdidos no mapa. Tenho uma tendência para mulheres loucas, pura e simplesmente porque me arrastam junto e viciam-se nas minhas loucuras, na minha forma alienada de viver sem olhar para trás, de adorar rir de mim próprio, de escrever sem olhar a normas ou verdades, de amar sem saber bem o que é o amor, de esquecer sem medo de voltar a lembrar, de libertar quem me prende, de não me importar de beijar até deixar de sentir o beijo, de me entregar sem me perder, de pecar sem querer ser perdoado. Tenho uma tendência para mulheres loucas, pura e simplesmente porque não sei ter tendência para mais nenhum outro género de mulheres.

○

Não tenho esperança em nada, porque isso coloca-me sempre onde ainda não estou. Acredito no futuro, mas creio muito mais no futuro que acontece hoje. Os meus compromissos são para agora e nunca para mais tarde. Gosto de me envolver com o momento. Só ele existe. O meu único vínculo é com a vida e tudo aquilo que ela me oferta. Sou filho de um deus que me ama e ensinou a ser grato. Tenho sentimentos que sei serem eternos, mas vivo-os apenas neste instante e em mais nenhum, pois é agora que os sinto a pulsar sob a minha pele e dentro do meu coração. Sou um romântico a despertar. Um sonhador sem cura. Um guerreiro que não precisa de espada nem escudo. Vou ser sempre a metade de mim mesmo que se quer tornar na outra. Uma simbiose de desejos, sorrisos e insatisfações. Um herói sem necessidade de medalhas. Só isso e mais nada.

O que vai ser é o que tem de ser. O que acontecer vai seguramente ser o melhor. Talvez não seja o que espero, mas é o mais necessário para mim. Já não tenho pressa para conseguir seja o que for. Tenho apenas um ritmo que me é próprio, porque é o ritmo de quem não desiste nem se engana mais a si próprio. É o ritmo de quem se libertou do seu tempo e vive num golpe de asa, ao sabor do vento, ao sabor da vida, ao sabor do seu coração.

Cada vez gosto mais de pessoas simples, pessoas que não vivem agarradas a nomes, dinheiro ou relevância social, pessoas que me olham como se se olhassem a si mesmas, que sorriem da mesma forma diante de mim e de quaisquer outros, pessoas que gostam de pessoas e que não têm qualquer problema em mostrá-lo, pessoas que não se importam com quem fui ou deixei de ser, e que gostam de quem sou, pessoas que não julgam nem criticam, não mentem nem omitem, pessoas que falam a linguagem dos outros, não para lhes agradar, mas para compreendê-los, pessoas que confiam em pessoas e aceitam as decepções como aprendizagens, pessoas que riem dos seus defeitos e transformam-nos em desafios de mudança, mas gosto sobretudo de pessoas que já aceitaram as suas limitações, já se abriram à sua divindade e tratam cada pessoa que se cruza no seu caminho como alguém que possui a arte de abrir o seu coração aos outros sem medo de sair ferido dessa luta sem fim.

○

Nos momentos mais difíceis da tua vida, se optares por não procurar nada, tudo aquilo que mais precisas vem ter contigo. Não tenhas medo do amanhã. Fica no hoje. Sente e vive aquilo que estás a sentir. Não receies o medo, a incerteza, o desconhecido. Vive cada emoção e sentimento que te enche ou queima o peito, mas nunca deixes de ser grato, por muito difícil que seja sê-lo. A gratidão é a compreensão de que estás a viver aquilo que atraíste. Pode ser difícil, até mesmo doloroso, mas não vás lá para a frente, para o que ainda não é e talvez nunca venha a ser. Tenta a cada momento aceitar o que veio ter contigo. Vê o que te está a fazer sentir. Deixa que entre a paz dentro de ti. Lembra-te sempre que o medo é apenas o medo. Apenas o amor é o sintoma da cura.

○

Quando acordei, não me mexi. Rodei levemente a cabeça e olhei-te no teu sono. Tinhas uma serenidade de mulher renascida. Uma calma de quem já não tem medo de não vir a acordar. Um sorriso quase impercetível nos lábios, um desses sorrisos que só quem ama consegue desenhar. Em silêncio, devagar, para não te despertar, puxei-te um pouco mais para mim e senti o calor dos teus seios sobre o meu peito. Sorri e lembrei-me de como entrámos ontem no quarto, de como nos arrancámos as roupas e a pele, de como nos amámos sem tempo nem limites, de como gritámos em silêncio e falámos sem palavras. A noite foi nossa, antes de ser de mais alguém. O amor continuou do nosso lado, apesar de todo o tempo em que estivemos distantes. Os corpos anteciparam-se ao prazer. Deram-se antes de se tocarem. Reencontraram-se como se nunca se tivessem separado. Numa dança de vida. Num presente que nunca quis ser passado. Num delírio de anjos. Num desejo eterno de não se separarem mais. Como se fossem um. Ou mais que um. Não importa mais. O importante são os sorrisos e o amor, porque conseguem fazer-nos tocar as estrelas e voltar. Sem mais nada, mas também com tudo.

○

Não quero na minha vida gente que complica o que é simples. Não preciso de quem me arranje problemas onde eles não existem. Estou cansado de pessoas que me perturbam com a sua insegurança. Parecem querer exigir-me quem não sou apenas para o seu sossego e satisfação. Sou demasiado livre para permitir amarras ou chantagens de qualquer tipo. Sou demasiado livre para considerar a hipótese de me submeter a caprichos ou exigências de qualquer tipo. Talvez poucos me entendam. Talvez só me compreendam os que são livres de corpo e espírito. São poucos. Muito poucos. Cada vez menos. Mas ainda os suficientes para mim.

○

Não tenho tempo nem paciência para quem é demasiado previsível. A previsibilidade mata-me e entedia a minha vida. Até posso aceitar que algumas coisas sejam previsíveis, mas nada do que é previsto deve ser isento de uma generosa dose de loucura, senão é apenas mesmice e mais do mesmo. Existe gente para quem a vida é uma soma de cálculos e lógicas irrefutáveis. Gostam de ter a certeza sobre tudo aquilo com que lidam e vivem, como se a vida fosse matemática ou álgebra. A vida pode ter alguma lógica, ou até muita, mas nunca será vida se estiver isenta de surpresas e caos, de copos partidos e murros, de novos e velhos amores, de desencontros e caminhos nunca percorridos, de lágrimas e sorrisos, para que a falta de todo o resto possa ser sentida e traga um sabor a liberdade quando finalmente fizer parte da nossa vida. Porque a vida é isto. Uma entrevista permanente com o imprevisto. Uma pergunta que não precisa de respostas, mas apenas de novas perguntas e diferentes caminhos. Como uma história por contar. Ou um livro por escrever. Ou um grande amor por viver.

○

Não consigo ser pouco para mim. O pouco tem sempre cheiro a nada. A sobras e restos. A memórias sem história. O pouco é fácil, porque não custa fazê-lo. É uma promessa sem necessidade de mais do que isso. É o sorriso de quem não sorri. É desejar sem desejo. O pouco é apenas isso. Pouco. Quase nada. Escasso. É tudo aquilo que não quero para mim. Preciso de muito, de ser muito para quem sou. Apenas o muito que me faço é digno do que me torno. Quero dar-me sempre muito para ser muito comigo. Só quando sou muito comigo consigo ser muito contigo e depois ainda muito mais comigo mesmo.

○

Não procuro o estrelato. Quero apenas divertir-me. Não anseio por tiragens de milhares de livros. Quero apenas o gozo de escrever sobre aquilo que sinto e acredito. Não preciso de palestras a abarrotar de gente. Quero apenas comunicar a minha verdade a quem tiver vontade de escutá-la. Não procuro a aprovação de ninguém. A minha é suficiente. Não procuro o amor. Sinto-o nas coisas mais simples com que me cruzo todos os dias. Não procuro nada. Tenho tudo o que preciso. Tenho a eternidade comigo.

○

Quem julga continuar a amar apesar de ter sido desrespeitado, na verdade já não ama. Sofre. E tudo o que faz a partir dali não é mais do que uma declarada falta de amor por quem está a ser. Amar é uma bênção. Ser amado é um estado de graça. Aceitar ser desrespeitado é deixar de se ver como se é e concordar ser quem o outro nos faz parecer. Querer amar para ser amado é o mesmo que morrer antes de ser morto. Nada justifica o desrespeito. Nada desculpa permitir colocar a nossa vida em pausa por alguém. O amor não é nada disso. O amor é sentir, mesmo o que não vemos. Mesmo o que não sabemos. Mesmo o que não queremos. Muito mais o que não queremos.

As noites são uma pausa para mim. Recolho-me no meu canto e deixo-me encantar pelos meus rituais de solidão. Os meus dedos batem devagar no teclado do computador e vão dando vida às minhas palavras. O meu canto é apenas meu. Não o partilho com ninguém. Acredito que todos devemos ter um lugar só nosso onde antecipamos o que sempre quisemos que fosse. Gosto da música que toca baixo e sobressai a acalmia do meu momento. Tenho uma chávena de café ou de chá frio do meu lado. Não preciso deles para me inspirar. Ajudam-me antes a manter-me tranquilo e focado. Uma espécie de despertador sem horas. Um golpe de asa para alegrar o meu recolhimento. Um desejo forte de me proteger do sono. Um pequeno céu para não me deixar lembrar que todas as noites têm um final. Invariavelmente.

Nada acontece por acaso, sobretudo se o acaso for criado por ti.

Gosto de encostar os dedos à minha alma e deixar que as palavras escorram como seiva sobre o papel. A minha escrita faz parte da minha ousadia de viver sem medo da verdade. As minhas palavras são segredos desvendados sobre o que por vezes ainda nada sei senão depois de escrevê-las. Entendo tudo aquilo que escrevo como um desabafo de quem antes não acreditava poder sequer falar da maneira que fala. Tornei-me o meu artesão favorito de emoções. Um pirata sem querer encontrar um tesouro, porque percebeu que o maior tesouro está em não querer nada. Ou talvez em desejar apenas uma única coisa. A loucura suficiente para nunca parar de criar novas palavras e novas maneiras de sorrir.

○

Não queiras fazer de mim quem não sou. Não me faças viver aquilo que não quero viver. Não me obrigues a ir aonde não me apetece ir. Não me leves a mentir ou omitir só para conseguir estar em paz. Não permitas que deixe de te amar só porque tens tanto medo de me perder. Não me faças sentir menos do que sou, nem mais do que aquilo que me acusas de ser. Se o meu amor te faz sofrer, tem a coragem de ser diferente na forma como me amas.

Se o meu amor não te satisfaz, tem a decência de me libertar para que parta com uma boa memória de ti. Se o meu amor te assusta e enraivece, que a vida te permita encontrar outro que te acalme enfim o coração, porque aquilo que mais desejo é que ames como nunca foste amado.

○

Cada dia tenho a oportunidade de fazer a diferença na minha vida. Acredito no *karma*, mas acredito mais no poder que detenho de escolher. Não quero muito saber se esta ou aquela situação tem uma maior ou menor ligação comigo, porque sou eu que determino até onde essa ligação pode ir. Sinto sempre uma enorme vontade de quebrar regras, mas faço-o de cada vez de maneira a não quebrar a lei. Na verdade, não gosto de seguir regulamentos ou protocolos, nem tão-pouco aceitar procedimentos só porque alguém os elegeu como os mais apropriados. Sou mais do género de improvisar e seguir aquilo que o meu coração me diz para fazer. Nunca gostei de me preparar demasiado para as coisas, porque isso cria-me expectativa, e onde existe expectativa, existe desilusão. Prefiro observar, porque observar não é julgar, e só então decidir. Podem até apontar-me o dedo pela forma como faço as coisas, mas não me importo. A vida ensinou-me que tudo o que devo fazer é ser em cada situação a melhor versão de mim mesmo. O resto das hipóteses há muito que deixaram de ter qualquer importância para mim.

Somos estupidamente impelidos pela insuficiência. Parece que estamos sempre a querer aquilo que não temos ou já deixámos de ter. Parece que não entendemos que não precisamos de mais nada do que aquilo que temos neste momento para seguir em frente com a nossa vida. Querer mais é querer estar fora do tempo certo para receber. Esforçamo-nos para sair da insuficiência, porque lidamos mal com a impotência. Aquilo que não conseguimos mudar, muda-nos, mas na verdade julgamos que nos destrói. O medo de perder faz o resto, porque não entendemos que nunca perdemos nada, porque tudo se transforma naquilo que precisamos no momento exacto em que acreditamos estar a ser privados de algo. No dia em que compreendermos que a insuficiência só nos impede de aceitar a felicidade, vamos sorrir por voltarmos a acreditar na possibilidade de criarmos abundância nas nossas vidas.

Se desisto é porque deixei de acreditar em algo. Não existe nada de pior do que desistir de alguma coisa importante para mim. Parece que uma parte de quem deixei de ser passou a definir todas as partes de quem sou. Quando isso me acontece, acuso-me de já não ser capaz de sonhar, de não ser suficientemente corajoso para voltar atrás e recomeçar exactamente onde parei. Percebi há muito que não vale a pena. Se desisto, nada mais vai ser igual, nem mesmo o próprio momento em que desisti. Se desisto, tenho de estar preparado para algo diferente. A mudança não me permite voltar atrás, mas antes construir um novo recomeço. A diferença está na maneira como vou olhar cada coisa. Se esperar algo, volto a desistir. Se não esperar nada, nem sequer vou saber o que isso significa.

Já quis fugir da minha sombra sem evitar o sol. Já receei gostar com medo de depender. Já procurei perder-me, mas sem perder de vista o encontrar-me. Já tive muito medo de ficar louco. Hoje, não vivo sem a minha loucura de viver. Parece que passei a viver várias vidas numa só. Ou uma única dividida em muitas. Pode parecer o mesmo, mas não é. Para mim, o todo não é a soma das partes. O todo é a presença de tudo e a ausência de nada em cada uma das partes. É a intensidade. É a compreensão. É o desapego. É não desejar nem querer mais fugir da minha sombra, mesmo nos dias em que o sol teima em não se mostrar.

Quando começas a atrair o verdadeiro amor para a tua vida, já o tens dentro de ti mesmo. Se ele vier junto com disputa, ciúme, desrespeito, é porque não é o verdadeiro amor, mas uma carência doente e disfarçada de amor. O verdadeiro amor é simples, leve e faz-te sorrir. É igual a ti próprio. Reconhece-lo como aprendeste a te reconhecer na diferença de seres tu mesmo. É uma dor que não dói. É um medo que não trava. É um tudo e um mais que tudo. É a tua luz a fazer-te chorar lágrimas que já devias ter chorado há muito de tristezas antigas. És tu a amar-te ainda mais através de quem te ama. Simples, assim. E muito mais.

Preciso de coisas que me mexam por dentro como se já fizessem há muito parte de quem sou. Não suporto a mesmice das coisas previsíveis, com hora de chegada e partida assegurada. Gosto do que não me fica na memória, mas antes debaixo da pele e junto do coração. A consistência de certas coisas deixa-me sem a capacidade que tanto aprecio de sorrir. Preciso de mudança como se a minha vida dependesse mais dela do que de si própria. Adoro apaixonar-me pelo que nunca vi ou imaginei, da mesma forma como só fico onde me sinto acolhido e livre. Não quero do meu lado quem me fala em impossíveis e obrigações. Prefiro quase sempre a solidão à multidão. Já nasci assim. Escrevo para muitos aquilo que poucos sentem, não porque não sejam capazes, mas porque não acreditam como eu naquilo que os mexe por dentro.

Não consigo ter pena de ninguém. Acredito que a pena é para quem nos faz sentir melhores ou mais poderosos do que eles. Aquilo que consigo é entendê-los e permitir que sejam como estão a ser. Não me resta mais nada. Não pretendo nada mais. Tenho plena consciência que cada um deve viver aquilo que quer viver, mesmo que tal escolha lhe traga sofrimento e dor. A liberdade é um dos grandiosos privilégios que a vida nos concedeu. Uns, conhecem-na. Outros, ignoram-na. A verdade é que é apenas através dela que conseguimos cumprir aquilo que viemos cá realmente fazer. Não existe nenhuma outra forma. Todas as outras maneiras não passam de desculpas que inventamos para não parar o tempo ou não encontrar tempo para parar.

Alguém me disse que apesar de eu achar que nunca amei, a verdade é que já amo sem saber que estou a amar. Fiquei surpreendido com estas palavras, porque o amor sempre foi para mim uma espécie de coisa do outro mundo. Não o senti em pequeno, nem mesmo na minha adolescência. Tive sempre muita dificuldade em acreditar em quem me dizia que me amava. Soava a mentira. A coisa estranha. A uma patetice mais própria de mulheres sonhadoras. Aceitei que assim fosse. Não questionei aquilo que me pareceu sempre distante e talvez não predestinado para ser vivido por mim. Permiti que assim continuasse, não sei se por medo, se por não acreditar. Talvez me enganei toda a vida. Talvez com efeito ame. Talvez eu mesmo seja o amor que nunca procurei. Não sei muito de muita coisa, mas acredito que hoje sei o que é o amor. Sinto-o em mim. Da mesma forma como sinto o cheiro do meu mar de olhos fechados. Ou o som de um coração a bater mais depressa. Por também me amar.

A verdade é que me estou a marimbar se existe vida depois da morte ou se nasci depois de ter vivido outra vida. O que me importa é viver esta vida como se não houvesse mais nenhuma. Estar a marimbar-me não quer dizer que não acredite. Quer antes dizer que não gosto de viver a pensar no que fui ou no que vou ser. O importante é como me sinto com quem estou a ser e com aquilo que faço. Deixei de viver como se só me restasse um caminho. Preparei-me para receber todos aqueles que a vida me oferta e o meu coração me mostra. Na combinação dos dois, é onde me torno único. Para o bem e para o mal.

Tudo o que vives tem a ver com as escolhas que fazes. Toda a tua vida é o resultado de como e quando as fazes. Se concedes o poder das mesmas a alguém, tornas-te a consequência daquilo que os outros querem para ti. Lembra-te que são raras as pessoas infelizes que aceitam a felicidade à sua volta, e que a humildade rareia mais do que o próprio amor. Escolhe tu, mesmo que escolhas sem saber se estás a escolher o melhor para ti. Quando és tu quem escolhe, és tu quem vives. Quando vives por ti, és enfim capaz de aprender algo de ti mesmo através dos outros e não de querer apenas imitá-los ou agradar-lhes. Se não for deste jeito, acabas sozinho no meio de tantos outros sozinhos, afeiçoado a rotinas e dores. Como se elas fossem naturais. Feitas à medida de quem escolheste ser, sem saber que podias ter sido diferente. No mínimo, menos igual.

A grande dificuldade das pessoas é a de se darem sem se esvaziarem de si mesmas. Hoje, damos demasiado de nós mesmos e ficamos muito facilmente destituídos de quem somos. Perdemos a nossa identidade ao querer dar ao outro a sua. Perdemos o nosso amor ao oferecê-lo a quem não sabe merecê-lo. Saímos vazios de tanto dar e perdidos do que também nos pertence. O facto é que devemos dar sem que o acto de dar nos faça mais pobres de nós próprios. Quem dá e consome-se ao dar, perde o melhor de si, aquilo que nunca se dá a ninguém, aquilo que apenas se partilha sem nos ser roubado.

○

Sem paixão, o amor arrisca-se a tornar apenas uma necessidade.

○

A confiança não é algo que se pede, mas algo que se reclama. Ficar onde não existe confiança é trair o espírito livre, o entusiasmo de viver. Tudo começa na confiança que tenho por mim mesmo. Confio nas minhas escolhas, na minha atitude, no meu caminho, na minha vida. Sou um optimista por natureza e há muito que aprendi a sê-lo. Vejo o lado positivo de tudo, porque em tudo existe algo que tem a ver com as minhas transformações. Já não me dou ao luxo de me deixar para trás. Vou sempre na minha linha da frente. Quero lá estar quando tudo começar. Quero lá estar quando tudo se transformar naquilo que amo.

Por vezes, questiono-me se o meu irmão está realmente junto do meu pai, se este por sua vez está junto dos seus pais, se esta história de almas e vidas futuras não é apenas uma verdade que decidi aceitar para não encarar a estranha ideia das despedidas para sempre. Não me custa só pensar que não os vou ver mais. Custa-me muito mais a ideia de estar a iludir-me. Também é verdade que se o futuro é o nada, não vou conseguir vê-lo nem senti-lo, porque o nada é a ausência de tudo. A ideia de que só quando lá chegar é que vou ficar a sabê-lo equilibra a balança imaginária do meu coração e faz-me sorrir de novo. Sinto-me por dentro como um ignorante satisfeito por só ter acesso à leitura dos títulos na capa dos livros.

Sê em tudo destemido, senão a tua vida vai ser apenas uma análise monótona e depressiva do teu reflexo no espelho. Se não fores audacioso, perdes mesmo antes de sequer tentar. A audácia tem algo de profético, porque faz-te crer em arcas de tesouro e recompensas dos deuses. A verdade é que os destemidos não têm religião ou doutrinas, mas antes muita fé neles mesmos e naquilo em que acreditam. Ser arrojado faz de ti um aventureiro na vida, alguém que entende que tudo aquilo que existe tem sempre uma mistura de aventura e bênção à espera de ser vivida. Sê ousado e não exijas mais do que aquilo que te é oferecido. Sabes bem que aquilo que tens é o suficiente para aprender que não se pode ter tudo nem fazer tudo ao mesmo tempo. Contudo, nada te impede de acreditar que podes fazer diferente. Se fores destemido, não precisas de mais nada para criar aquilo de que já és feito, porque já há muito que entendeste que aquilo que arriscas revela o que realmente valorizas. Sê atrevido e não hesites de cada vez que precisares de escolher uma nova direcção ou momento. A verdade é que não importa para onde vais, pois será seguramente mais longe do que alguma vez pensaste ir.

Hoje, acordei com vontade de te beijar. Senti falta da textura e do calor dos teus lábios sobre o meu corpo. Tive saudades do sorriso que me colocas na cara quando murmuras o meu nome para me despertar da minha vagareza de ébrio. Os teus lábios mordem-me a imaginação. As tuas palavras beijam-me o desejo. A tua pele veste-me sem nenhuma piedade pela minha loucura. Hoje, acordei assim, louco de vontade de te beijar. Senti-me inquieto e respirei-me na procura do teu cheiro.

A falta do teu beijo lembrou-me que estou sozinho. A minha urgência sufocou-me. Toquei-me sem te sentir. Olhei-me sem te ver. A necessidade do teu beijo matou-me sem me tirar a vida. É como uma bala nunca disparada. Um veneno não ingerido. Um segredo por dizer. Hoje, acordei assim, louco de vontade de te beijar.

Tem dias em que as pessoas me cansam. Já não suporto as suas conversas sem sentido nem as suas mentiras descabidas e até cruéis. Tem dias em que as pessoas me cansam com as suas queixas e conversas de elevador. Estou cansado de conversas da treta, de encher chouriços e de esquina. Parecem falar todas da mesma coisa. A verdade é que já não consigo mais ouvi-las a falar mal de outras, a levantar hipóteses sem conhecerem as causas ou sequer os efeitos, a fazer acusações sem nexo sobre situações que desconhecem mais do que o extremo do seu intestino. Tem dias em que a arrogância das pessoas me cansa. Já não consigo senti-las ao meu lado. Lutam por poder, sedução, interesse, bens, até por generosidade. A verdade é que a maior parte das pessoas nem sequer sabe o que é a verdadeira generosidade. Se soubessem, não me cansavam tanto. Nem a elas mesmas.

○

Se amares a tua vida, até o diabo te respeita.

○

Já deixei de querer que as coisas aconteçam mais rápido ou num determinado tempo. Já não me deixo levar pela ambição ou planificação de nada. Pode parecer de loucos, mas não quero saber o desfecho de nada nem pensar em resultados ou objectivos. Tornei-me numa pessoa de ritmos, numa pessoa que avança e recua ao ritmo do seu coração e da sua alma. O meu ritmo é a bússola e o mapa da minha vida. Só estou e fico onde encontro o ritmo que me define e faz sorrir. Já não quero comigo aquilo que não me faz estremecer por dentro nem me arrepia a pele. Cada vez mais, penso menos. Cada vez mais, deixo-me ir no meu ritmo, na sensação de que nada é mais importante do que ficar nesse balanceamento, na certeza de que tudo aquilo que mais preciso está comigo neste instante, neste segundo, nesta dança impossível de ser igualada por mais ninguém. É minha. Só minha. Tem vida própria. Tem a minha vida dentro dela.

Encontrar o amor da nossa vida é antecipar-nos à própria vida. É tocar num céu desconhecido de tão conhecido. É sorrir sem querer mais silenciar o sorriso. É entender o que nunca nos tinha sido antes explicado. É entregarmo-nos a alguém de uma maneira que nos leva antes mesmo de irmos. É darmos o nosso corpo de uma forma ao mesmo tempo intensa e natural, não como se fosse a primeira vez, mas como se fosse a única a cada vez. É abraçarmos sem ter medo de morrer naquele instante. É amarmos sem garantias de nada e coisa nenhuma, porque amar é mesmo isso. É encontrarmos o amor da nossa vida e ficarmos sem passado nem futuro. É sermos prisioneiros de um tempo que nos liberta, um tempo onde nada mais nos compromete a mais nada. Um tempo onde finalmente o amor nos olha nos olhos.

Em meu nome, escrevo palavras que me marcam. Quero cada vez mais dar vida àquilo que sinto. Quero aparecer para mim mesmo como nunca me vi antes. As palavras não me pertencem mais a partir do momento em que as pouso sobre as folhas, no instante em que as junto entre elas para dar um sentido a tudo aquilo que faço. Tomei há muito a decisão de querer livrar-me de todos os despertadores e futuros. Escrevo sem horas e sem pensar que pode ser tarde demais. Faço assim a minha diferença. Edifico deste modo a minha forma muito pessoal de escrever sobre o que sinto. E também sobre o que deixei de sentir. Muitas vezes para minha surpresa. Outras, para nunca colocar a minha escrita em causa.

○

Sou cúmplice de tudo aquilo que envolve liberdade. Sou um afeiçoado por natureza de tudo o que respira liberdade. Umas vezes, a minha liberdade tem chão, outras tem céu. Outras vezes, não tem nada senão um sorriso. A verdade é que amo a minha liberdade e não prescindo dela por nada nem ninguém. Há muito que sei que se não for livre, vou morrer em vida. Vou tropeçar nos pés a querer correr e trincar a língua na tentativa de falar a linguagem dos outros. Ser livre não é um direito. É antes de mais uma escolha. A primeira.

○

Já tive muito medo de errar e falhar. Já receei ousar e arriscar na mudança. Já estive muitos anos sem escutar aquilo que a minha alma me pedia. Se me dessem a escolher entre viver e fugir, escolhia sempre ficar no meio. O medo fazia-me míope dos detalhes. Os sonhos assustavam-me mais do que a própria vida. A paixão era apenas uma palavra que me recusava a utilizar. Temia tudo aquilo que me fizesse virar a cabeça demasiado rápido ou correr mais depressa. Não acreditava em milagres, nem tão-pouco em magia ou esperança. Cada dia era um pequeno inferno. Nada fazia sentido, nem tinha grande significado para mim. Estava cansado de escutar teorias e palavras de encorajamento. A única coisa que realmente queria era chegar à noite. Dormir para não viver nem morrer.

Tudo o que compreendo, aceito. Tudo o que não compreendo, deixo fluir, mesmo sem saber ou sequer imaginar para onde me leva. Há magia em confiar na vida. Há bênçãos em deixar-me ir ao sabor das suas ofertas mais íntimas. As mudanças de maior desapego que ela me propõe são aquelas que provocam nos outros à minha volta mais zangas e resistência. Para muita gente, uma mudança deve seguir um plano e um tempo. As minhas, já há muito que são feitas sem planos nem tempo. Elas simplesmente acontecem como resultado de me deixar ir ao sabor de encontrar-me sem me procurar. Elas acontecem porque escolho dizer não aos outros a fim de dizer sim a mim mesmo. Elas acontecem porque há alturas na vida em que escolho deixar de pensar nos outros, unicamente porque ao pensar em mim mesmo, estou a dar aos outros a possibilidade de pensarem também neles próprios.

Deus, quero agradecer-te por me deixares ser quem sou, por não me obrigares a nada, por não me queres convencer de coisa nenhuma, por me libertares de ti, por me fazeres entender que sou suficientemente sensível e intuitivo para escolher por mim, sem te consultar, sem te querer ouvir, sem te querer ler. Aquilo que mais gosto em ti é sentir o amor que sentes por mim ao me deixares fazer o que me apetece, ao me permitires de esmurrar o nariz, de dizer e fazer estupidezes, de meter os pés pelas mãos, de cair sem rede, de sofrer sem dó nem piedade, de rir do meu ridículo, de querer voar sem asas nem motor. Sei que ris comigo, porque me aceitas e amas como sou. Nunca me criticas nem julgas pelo que decido ser. A cada escolha, bates palmas e torces por mim, mesmo quando sabes que não é por aí o meu caminho. É esse teu lado que sempre me atraiu a ficar perto de ti, não porque precise de ti, mas porque é sempre bom saber que estás do meu lado. Tu conheces-me muito bem para saber que fico mais facilmente com quem está do meu lado do que com alguém que me quer tornar dependente dele ou, pelo contrário, precisa de mim. Aí, somos idênticos. Não precisamos de ninguém, mas tem gente com quem amamos partilhar a nossa vida.

○

Sou a pessoa que mais falha, mas também a que menos desiste.

No fundo, independentemente de tudo o que vivemos, aquilo que mais queremos é ser felizes, ainda que a maioria de nós não saiba em concreto o que é ser feliz. Muitos confundem felicidade com diversão, porque enquanto se divertem tendem a esquecer a infelicidade do resto do seu tempo. A felicidade começa sempre na consciencialização da nossa infelicidade. Ninguém é feliz sem antes ter sido de alguma maneira infeliz. Esta constatação é matemática. Tal como ninguém morre sem antes ter vivido. A experiência da morte tem muito a ver com a ligação que tivemos com a felicidade. Quem foi feliz, morre em paz. Quem não o foi, teme morrer, porque não quer partir sem o ter sido. É a analogia da vida. Queremos ser felizes, mas não sabemos como sê-lo, unicamente porque nunca nos ensinaram que ser feliz é o nosso estado natural. Não é o caminho. É o lugar. O momento. O ponteiro dos segundos. O sorriso sem motivo. O despojamento. É não deixar de sentir amor nos dias de maior tristeza, nos dias em que não existe abrigo que nos esconda do medo de nós mesmos.

A vida só vale a pena se também formos inconsequentes, se deixarmos de pensar no que não vale a pena pensar e nos atirarmos para a frente sem pensar tanto. Tudo isto é visto muitas vezes como loucura, mas deve também ser entendido como um desafio à nossa sobrevivência. A vida pode ser úlceras, artrites, arritmias, cansaço, depressões, ou pelo contrário ser sorrisos, beijos, gargalhadas, festas. Tudo depende das nossas escolhas. A inconsequência não se enquadra na nossa forma usual de como gostamos de prever os resultados e antever as palmas. A inconsequência não é a chave da felicidade, mas é a melhor decisão quando deixamos de ter medo de perder seja o que for. A inconsequência é o nosso lado mais puro. Ser inconsequente, não é ser irresponsável. É acima de tudo livrarmo-nos do nosso lado mais aborrecido.

A beleza de cada coisa não está na sua forma, mas naquilo que me faz sentir.

Tenho vícios de dor com cura. Tenho vícios de gramática amorosa e álgebra emocional. Tenho vícios que me fazem chorar de raiva por perceber a minha impotência em ignorá-los. Tenho vícios que vivem entre a minha pele e as tuas palavras e crescem numa alquimia sem freios ou regras. Não me matam. Não me enfraquecem. Não me subjugam. Invadem-me como uma febre. Amordaçam-me como um silêncio. Entontecem-me como uma droga. Tenho vícios que não partilho com ninguém, simplesmente porque acredito que se podem tornar numa história de amor, sem mais nenhumas razões ou desculpas. Tenho vícios e sei viver no meio deles, da mesma forma como aprendi a viver no meio do espaço entre a tua ausência e o meu corpo.

Não acredito no destino, porque não acredito que se controle alguma coisa nesta vida. A ideia de que se vem cumprir algo já estipulado, soa-me a morte anunciada ou a um jogo perverso e viciado desde o seu início. Sempre acreditei na minha capacidade de escolher ou na minha estupidez de permitir que escolham por mim. Não existe nenhuma terceira opção. Decido ou decidem na minha vez. A verdade é que, em cada uma das maneiras, a inexistência do destino está oposta à ideia da existência do acaso. Quando me dizem que nada é por acaso, até posso aceitar, mas digo também que gosto muito mais de ser eu próprio a criar o meu acaso. Quem acredita no destino, limita-se a esperar e cumprir. Quem não acredita, passa toda a sua vida a criar. Na melhor das hipóteses, o destino é para mim aquilo que crio a cada momento.

Gosto de me permitir ser sensual. Sempre acreditei que a sensualidade se promove a si mesma e protege-se a si própria. Se não fosse desse jeito, não me permitiria de a expor. Seria tentado a guardá-la para os meus momentos mais a sós com quem amo. Só que ser sensual faz parte de quem sou. Não o faço de propósito, nem com qualquer objectivo. Sou sensual, porque a sensualidade é aquilo que alimenta a pele de qualquer um, tal como a minha. Sempre fui um homem de pele. Gosto da forma como ela fala comigo, como me sossega e desassossega, como me torna sensível e malvado. Gosto da maneira como reage quando ma tocam com atrevimento, também ao de leve, ou apenas para me lembrar vícios e fontes de tudo e nada. Sou um homem de pele, porque não sei deixar de o ser. Mesmo na minha sensualidade. Mesmo no meu prazer. Mesmo na minha solidão.

A vida tem-me sido muito generosa. Dá-me tudo sem que peça nada. Não existe nenhum segredo. Talvez apenas a maneira como lhe sorrio todos os dias. Como lhe reconheço a loucura. Como lhe agradeço mesmo antes de receber o que nunca lhe pedi. A gratidão é mágica. É a consciência de que nada é meu e tudo me é ofertado no momento em que mais preciso. Basta-me abrir o coração e seguir a vida, sentir quem sou e não fazer quaisquer concessões, deixar acontecer o que tem de acontecer e ser livre em tudo o que escolho. O talento está apenas em não pensar tanto.

Vim cá para viver muito e morrer na minha hora. Nada tem de ser perfeito, mas tudo tem de ser novo naquilo que me faz sentir. Se uma situação é repetida, não precisa de acontecer mais do que uma vez comigo. Pode até acontecer e parecer igual, mas tenho de senti-la de cada vez de uma forma diferente. Só deste modo vou saber aprender. Só desta maneira vou viver o que me cabe sentir.

É fantástico sentir vontade de continuar quando todos nos dizem para desistir.

○

Vivo na provocação. Todo eu sou provocação. Não sei ser de outra maneira. Acredito que a vida fica demasiado previsível e rotineira sem provocação. Creio na provocação, assim como creio no que vim cá abaixo fazer. Vim provocar-me a ser quem mais desejo ser, não para mostrar seja o que for, mas apenas para sorrir de mim mesmo. Adoro sorrir de mim próprio. Faz-me sentir parte da minha provocação. Faz-me ser a provocação. É o meu eterno ajuste de contas com a vida.

○

A minha imaginação é feita de pedaços de loucura e coragem. Não me importo muito com o que deixo para trás. Se parto é porque preciso de novos horizontes e tempestades. Já não quero mais navegar em águas pouco profundas ou em mares calmos. A calmaria sempre me afoga, mesmo quando sei nadar. Tenho necessidade de correntes e marés que me levem para longe, para lá do que conheço. Preciso de ventos que arrastem a minha vela para ilhas desconhecidas e continentes por explorar. Quero ondas que me levem para praias desertas e a parte alguma. Todo eu sou milésimos de segundo e séculos. Todo eu sou desejo e ousadia. Todo eu sou eu. Mais nada de tudo e de coisa nenhuma.

○

Eu mereço a vida que tenho. Tu mereces a vida que tens. Nenhum de nós precisa de ir procurá-la. Ela já está connosco. Precisamos apenas de mudá-la se não nos convém ou agrada. Simples assim. Se não a merecemos, não nos acontece. Se a merecemos, estamos a vivê-la. O bom e o menos bom. Prendas da vida para que nos sintamos e encontremos. Para que mudemos e possamos percorrer o nosso caminho com um sorriso nos lábios e a certeza de que o que não tem remédio pode muito bem ter cura.

Um dia, vou ser velho. Vou olhar-me ao espelho e sorrir. Vou reconhecer os meus traços entre as rugas acentuadas e a pele amolecida pelos anos. O olhar vai ser o mesmo, mas com mais histórias escritas e brilho. O brilho de quem já não morre todos os dias, de quem está imune à escuridão, de quem não teme mais voltar a casa. As mãos vão estar mais trémulas, talvez mais dobradas, mas mais capazes de agarrar a eternidade em que acredito e as folhas onde escreverei palavras sem idade nem medo. Sei que poderei estar doente, mas também creio que a saúde é antes de mais um estado de espírito, uma antecipação da cura, uma memória com vida de outras vidas. O corpo vai doer-me um pouco mais a fazer o que hoje faz, vai reclamar por esperas e vagares, tempos e distâncias, e exigir mais descanso e pausas, mais pouco disto e menos daquilo. Sei disso tudo, mas também sei que vou ser sempre um homem de sorrisos e gargalhadas, de vida e ousadia, de coragem e carisma, de sedução e rebeldia. Vou agarrar cada oportunidade de viver com a mesma paixão com que hoje me tatuo e faço amor. Vou continuar a dizer não a quem me quer desrespeitar ou fazer sofrer e vou teimar em ver todos os dias o pôr-do-sol da minha varanda em frente ao mar. Sei de tudo isso. O resto, tudo aquilo que não sei prever ou imaginar, entrego ao ritmo muito próprio da minha vida e da minha morte.

Emociono-me sempre com as coincidências. Eu sei que o que me acontece nesse momento é sempre uma consequência do meu passado e do meu presente. Nunca gostei muito de acreditar em suposições ou futurismos. Prefiro muito mais o que me está a acontecer agora, porque é sempre e apenas aquilo que existe e aonde posso ser eu mesmo. As coincidências emocionam-me precisamente porque nunca o são. São acima de tudo vínculos com a vida onde gosto de encontrar um motivo para sorrir e uma emoção para sentir.

Sei que me trazem sempre novas perguntas e novos desígnios. Tão isso. E é essa a grande particularidade das coincidências. Acontecem porque estou preparado para vivê-las. Acontecem porque chegou o momento de entendê-las. Acontecem porque chegou o seu tempo de tocarem no meu coração e mostrarem-me um novo caminho.

Aquilo em que penso cria aquilo em que acredito. Aquilo em que acredito cria a minha realidade. A minha realidade é feita de emoções e sentimentos. Nada mais. E aromas. O aroma dos lugares por onde passo. O aroma da minha existência e das minhas lembranças. O aroma das coisas simples e das pessoas que me fazem sorrir. O aroma do mar, sempre do mar. Quase um aroma de carne e osso. Como o teu. Só o teu, tão meu. O aroma dos aromas. O aroma onde reina a loucura aromática de sentir o teu cheiro espalhado pela minha pele.

Escrevo porque me apetece escrever. Ainda não entendi bem o que me move. Sei apenas que é intenso e de cada vez uma descoberta extraordinária. As palavras não me pertencem. Aliás, acredito que nunca me vão pertencer. São apenas instrumentos para que a minha voz se escreva. Também não acredito no acaso, nem tão-pouco na sorte, mas a verdade é que esta minha paixão existe sem uma razão ainda bem definida. Sei que amo o que faço. Sei que o faço para construir algo em mim e na minha relação com o mundo. Só não sei bem o que é. Um dia, vou entendê-lo, disso tenho a certeza. Não sei quando, mas será no exacto momento em que estarei preparado para finalmente compreender. Até lá, imagino que vou continuar a escrever, não apenas porque me apetece fazê-lo, mas sobretudo porque sinto que quando escrevo fico mais perto de um mundo que um dia será meu.

Existe tanta coisa mais importante do que sofrer por amor.

Existe um tipo de liberdade que só alcanças quando começas a ser honesto contigo mesmo. A vida pertence-te, mas não é verdadeiramente tua senão quando fazes escolhas que têm honestamente a ver contigo. O fundamental é que não te mintas ou enganes, porque a tua liberdade existe apenas na tua verdade. Sê honesto e não faças concessões. Sente em quem te estás a tornar e abre o teu coração à intuição. Escuta-te até às últimas consequências e segue o teu caminho. Não evites o confronto com o medo, porque o medo faz-te fugir de ti próprio e força-te a ser apenas quem os outros querem que sejas. Promove sempre tudo aquilo que vem por bem e nunca te esqueças que só as acções movidas pela honestidade são sempre e sem excepção as mais acertadas e gratificantes. E lembra-te que estás a criar a tua história e, por mais que te queiram dizer o contrário, a tua história é e será sempre a tua história, motivo pelo qual é e será sempre a melhor de todas as histórias.

○

Perdoa-te por ainda não estares a ser quem és e não exijas nada de ti. Vive a tua vida como se nada mais fosse importante do que viver. Percebe que tudo aquilo que te acontece é porque precisas que te aconteça. Aceita a tua dor e transforma-a. Compreende a tua jornada e faz a tua parte. Pára de te queixar porque as queixas só te atrasam. Não julgues ninguém sem te julgares a ti mesmo primeiro. Procura viver de uma maneira que te sintas livre e orgulhoso de quem estás a ser. Não queiras mal a ninguém, mas não deixes de te proteger de quem te quer mal. Não procures respostas para as perguntas que não sabes fazer. Aventura-te nos lugares onde o teu coração te pede que vás para que um dia não lamentes onde nunca foste. Aceita sentir, porque quando sentes estás a respeitar-te ao nível mais bondoso de quem és. E deixa crescer as tuas asas, deixa-as crescer até a um ponto em que nunca as viste crescer para depois ousares voar ainda mais alto e poderes enfim ver a vida numa perspectiva como nunca acreditaste poder ver. Quando o conseguires, podes ter a certeza de que nada mais será igual ou de alguma forma indiferente para ti.

Nada se esquece, apenas se transforma naquilo que não queremos lembrar.

Só falo com quem me escuta. Só olho para quem me vê. Só beijo quem me deseja. Rejeito tudo aquilo que a minha intuição repudia. Não guardo no meu coração nada daquilo que não me emociona. Adoro carícias que me arrepiam a pele da nuca. Gosto de sentir-me a caminhar como se tivesse os pés acima do chão. Não quero na minha vida nada que não me faça sentir vivo. A mesmice deixa-me com falta de ar. As obrigações matam-me a alegria. Não consigo estar com quem não arrisca tudo em nome da felicidade. Preciso de desafios e coisas novas todos os dias. Sei que talvez seja um louco, eu sei. Mas se não for assim, enlouqueço de vez. Fecham-me num manicómio, não para me curar, mas para me convencer que tenho de ser normal. Sempre vi a normalidade como uma doença contagiosa, dessas que se transmitem pela forma medíocre como escolhemos viver. Só isso. Mais nada.

Não escolho mais nada sem que me faça sorrir. Já não me lembro tanto dos sorrisos que sorri ontem, nem quero imaginar os que sorrirei amanhã. A minha vida é o meu sorriso de hoje. É agora que vivencio o que há para vivenciar. É agora que quero sorrir. Não amanhã, nem depois de amanhã. É hoje. Agora. Neste momento, porque o meu sorriso é sempre um reflexo da minha consciência. Um diálogo directo com o meu coração. Um amor para sempre feito amor. Uma luz vinda da minha alma.

○

Tenho uma certa resistência a planos. Gosto muito mais daquilo que decido no instante. Tudo tem sempre um maior sabor a aventura. A ideia de não prever nada deixa-me excitado e com um sorriso nos lábios. Pouca gente me entende e muita evita-me. A ausência de uma ordem e previsibilidade assusta-os. Não os condeno. Já fui assim também. Hoje, vivo a um ritmo que desconhecia. Já não aceito a vida obedientemente. Moldo-a à minha maneira. Quem não gosta, pode sempre afastar-se. Quem fica, pode ter a certeza que enlouquece comigo na medida do meu desvario.

○

Todas as mulheres que passam por relações desrespeitosas, tornam-se mulheres extraordinárias. A sua natureza não é de sobrevivência. É de dignidade e coragem. A dizer a verdade, as mulheres não deviam precisar de bilhete de identidade. Bastava-lhes o dom que têm de escrever o que mais ninguém sabe escrever sobre o amor. Não conheço nenhuma mulher que não ame ainda mais depois de morrer mais do que uma vez em vida. É a sua natureza. Não de resistir, mas de surpreender. Não de esquecer, mas de renascer. Até ao fim.

A minha coragem mede-se nas minhas palavras e na minha atitude. Não temo ninguém. Ninguém tem de saber nada da minha vida quando eu não quero falar. Detesto coscuvilhice e o diz que não diz. Não tenho paciência para conclusões fantasiosas e amarras sobre a minha pele. Sou livre ao ponto de decidir quem vai partilhar a minha liberdade. Tornei-me quem sou porque aprendi a tirar da minha vida quem não me respeita, nem quem não respeita aquilo que escolho para mim. Não tenho tempo para perder tempo com quem me faz perder o meu tempo. Escolhi a leveza e a simplicidade para a minha vida. A verdade. Quem não trouxer essa bandeira ao ombro, procura em mim o que nunca vai encontrar.

São os meus lábios que me ensinam a existência dos teus beijos e a textura da tua pele. É com eles que te sinto e provoco arrepios de vida, que te faço sorrir sem me veres, que te toco onde mais ninguém toca. Tenho-os grossos, bem delineados, escuros e sempre húmidos. Quando sorrio, são a minha história. Quando falo, escrevem palavras e soltam asas no meu ar. Os meus lábios são também feitos do que ainda não disseram e fizeram. A cada dia, cometem crimes que só eu posso desvendar, escondem segredos que nunca revelo, indagam sobre o que nunca pensei vir a saber. Existe algo de solene na forma como me fazem perder a vergonha e me desenham na pele a raiz de toda a tua ternura. A verdade é que não sou apenas feito de pele. Sou também feito de lábios. Sou feito de muito do que poucos ousam ainda ser.

○

Ocorreu-me há dias que é possível escrever aquilo que ainda não vivo. Não sou nada de prever acontecimentos ou mesmo sentimentos. Gosto muito mais de viver aquilo que é neste momento e em mais nenhum outro. O futuro sempre funcionou para mim como a meta de uma corrida feita em esforço. Se corro a pensar no final, vou seguramente esquecer o prazer de cada passada e de cada instante. A escrever vejo-me algumas vezes a fazer o contrário. Gosto de aventurar-me para lá do momento e da viagem, não para fazer futurismos ou perguntas a uma bola de cristal, mas para imaginar o que será nascer sem ser parido. Sempre me senti atraído pelo desconhecido, aquele lado em mim que dispensa a nostalgia e a saudade, que se cria na proporção da minha ousadia e imaginação. Quando escrevo para lá do que ainda não vivo, é como se inventasse uma parte de quem ainda não sou, mas que também não sei se algum dia vou chegar a sê-lo. É uma espécie de voo picado sem pensar em abrir as asas.

A sensibilidade é fodida porque exige um grande sentido de humor.

Fomos habituados a mover-nos ao ritmo do relógio e do calendário e esquecemo-nos do que somos verdadeiramente feitos. Perdemo-nos algures entre medos e regras, obediências e bajulação, mentiras e carência, e não entendemos porque descemos do nosso céu para vir morar aqui em baixo. Permitimo-nos acreditar naquilo que não tem nada a ver connosco e agora temos dificuldade em crer em coisas diferentes, coisas que nos fazem sentir aquilo que já não sabemos sentir. Morremos um pouco a cada dia com a ideia de que estamos a viver e desaprendemos a maravilhar-nos com as coisas mais simples da vida. Se não ousarmos mudar tudo isto dentro de nós, nada vale mais do que aquilo que nunca valeu. A morte vai ter a cor da vida, uma cor sem luz, uma tonalidade de felicidade deixada escapar, de medo tornado hábito. Se não mudarmos nada, tudo vai piorar. Se não activarmos a vida dentro de nós, vamos morrer sem na verdade ter alguma vez nascido.

○

Gosto quando as palavras parecem sair-me pelas mãos ao escrever aquilo que sinto. A inspiração torna-se assim palpável como a folha de papel e a caneta onde os textos se desenham. Não sei até onde tudo isto me vai levar. Amo escrever. Sou um sonhador de histórias. Sou um poeta sem ordem nem regras. Sou uma transgressão. Sou uma alma embriagada de vida. Não me tragam champanhe. Quero apenas mais inspiração. Mais vida.

○

Sou louco porque não hesito um segundo que seja em arriscar seguir o meu coração. A loucura é essa e mais nenhuma. Não é fazer o que mais ninguém consegue fazer. É fazer aquilo que ninguém ousa fazer. Tão simples e ao mesmo tempo tão difícil. Tão perto e simultaneamente tão longe. Sou louco porque sigo aquilo que sinto e raramente o que penso. Aprendi que fico completo na simplicidade de me sentir. Não melhor nem pior. Completo para mim, porque é em mim que a loucura se insemina, devagar e depressa, conforme a linguagem que a vida usa para me descodificar o caminho a seguir e mostrar o rasto das estrelas a acompanhar.

Sou feliz, porque não penso em nada que me faz infeliz. Sou feliz, porque não me obrigo a fazer nada que não queira fazer. Sou feliz, porque não faço aquilo que os outros esperam de mim, mas aquilo que o meu coração me pede. Sou feliz, porque me limito a ficar apenas com quem me faz sorrir e chorar de alegria. Sou feliz, porque escrevo em vez de cumprir. Sou feliz, porque não me permito ser mais nada.

○

Quando te focas demasiado nos outros, não estás a querer encarar a tua própria tristeza. A verdade é que tens medo de estar triste, porque a tristeza faz-te ir dentro de ti mesmo. Muitas vezes, preferes a raiva, o ódio, culpar alguém pelo que estás a viver, porque tal atitude faz-te fugir daquilo que não queres sentir. No entanto, se não deixares vir a tristeza à flor da pele, chorar se for preciso, vais começar a ter ainda mais medo da dor, do sofrimento, da rejeição, do abandono. Evitar sentir a tristeza é não permitires que a paz, a alegria e a felicidade entrem no teu coração. Quando te sentires triste, não te defendas dela. Sente-a, apenas. Sente a dor que ela te traz junto. Aceita a dor. Não penses nos outros, nem naquilo que deverias ter ou não feito. Deixa-te ficar triste. Só isso. Nada mais. Porque só desse modo vais poder entendê-la, sorrir e libertar-te dela. Porque só assim vais conseguir sentir todo o amor que tens por ti mesmo.

Tudo o que faço sem a minha luz, nunca resulta. Pode até parecer maravilhoso aos olhos dos outros aquilo que realizo, mas como fi-lo sem paixão, sem que a minha essência fizesse parte, deixa-me num vazio que não consigo explicar. A resposta é fácil. Se não tem a minha luz, não vale a pena esforçar-me por consegui-lo, porque não me faz sorrir, nem no durante nem no final. O meu sorriso nunca pode ser pelos outros em vez de por mim. Sempre que sorrio apenas pelos outros, fico mais triste comigo mesmo. Sei há muito que um sorriso sem luz é um pedido de luz. Sei que sem luz, morro sozinho sem estrelas no meu céu. Sei que sem luz, não existe nenhum lugar onde possa dar ainda mais luz à minha própria luz. Sem luz, torno-me fúria. Morro sem fé. Sem mim.

O segredo para que a vida não pareça tão rápida e insossa é saber viver. Hoje, a maior parte das pessoas não sabe como viver ou entende que viver é algo que na verdade não tem quase nada a ver com viver. Viver não pode ser apenas estar por cá. Não existe arte nisso. Viver é antes de mais ser grato por tudo aquilo que se atrai neste momento. Viver é saber aceitar o instante, seja ele qual for. Viver é saber escolher apenas aquilo que fale a linguagem do respeito por quem se quer ser. Viver é saber dizer não a quem nos desrespeita ou faz sofrer. Viver é fazer tudo e cada coisa unicamente pelo prazer de fazer, sem sequer pensar no resultado final. Viver é acreditar em si próprio e ter a coragem de ir em frente sem pensar muito. Viver é também aceitar que nunca se vai morrer.

Há disfarce em tanta gente. Segredos. Medos. Mentiras. Vidas com cor de embuste. Pessoas que se agarram a falsos estados de espírito e simulam uma felicidade que não é mais do que uma história sem verdades. Choram sem fechar os olhos e sorriem sem alma. Olham demasiado para os outros e evitam perguntas com receio das respostas. Vestem-se bem e cheiram a perfume caro, mas a sua narrativa é triste e cheia de comprimidos. Parecem gostar que lhes mintam para justificar a sua ausência de verdades. Uma falta de talento para serem felizes. Uma dor escondida algures num dos cantos mais fechados do coração. Uma peça de teatro a caminho do fracasso. Um nada que querem fazer parecer um tudo. Um céu com poucas estrelas.

Ando à procura de respostas, mas ainda não sei as perguntas que devo fazer-me. Sei que sou emotivo. Disso não tenho dúvidas. Sempre soube desenvencilhar-me no meio de pequenas e grandes coisas com alguma presença de espírito. Fiz sempre as escolhas que me pareceram as mais adequadas entre aquilo que o meu coração me pedia e aquilo que o tempo me ia dizendo. Deixei de ter medo de sentir medo, mas respeito sempre aquilo que me provoca medo, porque sei que ainda estou num momento para aprender através dele. Já aprendo um pouco mais através do amor. Devagar, como uma larva a formar o seu casulo. Sem pressas. Sei que tudo na vida tem o seu tempo e tudo no tempo tem uma vida para viver. Eu próprio. Também.

O que mais me fascina numa mulher é aquilo que ela me segreda sem falar, aquilo que me mostra sem olhar, aquilo que me faz sem me tocar. O que mais me excita numa mulher é a forma como me vira as costas, como repete o meu nome, como debruça o seu desejo sobre mim. O que mais me surpreende numa mulher é o seu silêncio, a maneira como se cala mesmo com vontade de falar, a forma como me emudece com a sua ausência de palavras. O que mais me rende a uma mulher é a minha liberdade de ir e vir, de respeitá-la e desafiá-la, de me convidar a chegar ao meu impossível e de não me dar mais do mesmo durante demasiado tempo.

Vou procurar curar-me do que me dói. Vou viajar sem destino dentro de mim. Vou a lugares desconhecidos de carne e osso e alma. Vou escutar-me. Vou fazer-me vontades e desejos. Vou parir-me sem parto. Vou escrever o que sempre soube que iria escrever. Vou abrir um novo caminho a partir do velho. Vou fugir às pretensões estúpidas de normalidade. Vou louvar o que em mim não é regular. Vou beber uma cerveja e dizer-me que me amo. Talvez acredite. Talvez não ria. Talvez me cure.

Tenho um lado sacana que só revelo a alguns e um lado generoso que também só revelo a outros. Sei que posso mudar tudo isto, mas também sei que não o faço porque preciso deste equilíbrio. Tudo na vida tem o seu oposto, senão não consegue exalar vida nem amor. Este equilíbrio é sagrado na vida de cada um. Não conheço nenhum sacana que não tenha um lado generoso, nem nenhum generoso que não tenha um lado sacana. Acredito que quem não gosta de mim julga que sou apenas um reflexo desse lado menos bom. Não sou nem nunca fui unicamente um grande sacana. A verdade é que sou uma mistura dos dois e revelo apenas aquele que quero a quem merece recebê-lo.

Nem tudo aquilo que é para o teu bem próprio vai inevitavelmente ajudar-te a melhorar a relação contigo mesmo. Acreditas sempre que se cuidares de ti estarás a cuidar de quem és. Na verdade, muitas vezes é totalmente o contrário. Muitas vezes, estás apenas a cuidar da tua imagem em relação aos outros. Muitos de nós vivemos numa ligação directa com aquilo que as pessoas pensam de nós mesmos. Se nos aceitam, ficamos felizes. Se nos valorizam, valorizamo-nos também. Mas se nos abandonam, sentimo-nos sós. Se nos ferem, culpamo-nos. Se nos traem, minimizamo-nos. Uma relação connosco próprios não é nada disto. É antes de mais sermos livres de espírito para escolhermos apenas aquilo que tem a ver connosco. É antes de mais deixar de nos assustarmos com a opinião dos outros. É antes de mais saber falar quando nos querem manter calados.

○

Preciso à minha volta de pessoas para quem viver é uma paixão. Não quero pessoas para quem até o mais simples é distorcido e o passado é sempre um fardo. Preciso de quem me faça gargalhar e diga tantos disparates que quase me mate de dores de barriga de tanto rir. Preciso de quem coloque sem hesitar meia dúzia de trapos numa mala e me dê a mão antes de partirmos. Quero ver o mundo pela janela de um avião e aterrar em lugares onde o sol se deita do lado contrário ao que estou habituado. Quero pessoas que me façam ser ainda mais quem eu sou. Quero do meu lado gente que não queira saber nada sobre o futuro, nem viva de suposições ou superstições. Quero do meu lado apenas quem acredite que tudo é possível.

Não temas estar angustiado. Não temas ter medo. Não temas esse aperto no peito. Pergunta-te o que te está a causar essa sensação. Identifica e olha para ela de frente. Dói-te, eu sei, mas é normal que doa. A vida quer que não tenhas medo de enfrentá-la. A dor é a maneira que a vida tem de te avisar para parares de fugir. A fuga só adia o que a vida te anda a querer dizer. Agarra na dor, deixa-a invadir o teu corpo, sente-a e escolhe em função do que ela te diz. Nunca fujas dela. Sente-a, sente-a, sente-a, até que vire tristeza. Depois, se quiseres, chora. Não tem mal chorares. Quando choras, libertas a tristeza e fazes as pazes com a aceitação. Só depois de aceitares a tristeza é que vais enfim conseguir voltar a sorrir em paz contigo.

Só és verdadeiramente livre quando a ideia de recomeçar do nada tudo o que sentes que deves virar do avesso não te assusta. A dependência faz-te ter medo de perder. Quando dependes, sobrevives, porque não respeitas o suficiente a tua liberdade para ir buscá-la dentro de ti. Depender é morrer e não querer viver. Ficar na dependência é evitar sonhos e enganar a felicidade. O segredo é não depender. É não ter medo de perder. É não querer nada para além do que se tem. É aceitar tudo o que vier, desde que não seja para depender ainda mais.

Faças o que fizeres, o mais importante é teres convicção. Se não tens, espera. Não faças escolhas que não sejam parte de ti mesmo. Escolhe apenas aquilo que tem o teu cheiro, o teu nome tatuado, o teu perfume. Só se estiveres convicto vais poder sentir o caminho. A convicção não é algo que se procure ter. Pelo contrário. É algo que se sente bem no interior do peito, lá onde a vida te inunda de certezas que te pareceram por demasiado tempo incertezas. Quando sentes e acreditas naquilo que sentes, ficas convicto de que sabes um pouco mais sobre aquilo que te propuseste fazer cá em baixo e avanças já com menos medo. Às vezes, até mesmo sem medo algum. Como se dissesses uma verdade mesmo antes de morrer. Livre de consequências. Protegida pelo céu.

○

Não sou um homem comum. Dou atenção a pormenores que poucos prestam cuidado. A minha sensibilidade por vezes angustia-me, porque revela-me aquilo que nem sempre estou preparado para entender. Não procuro o amor, porque ainda estou a querer compreendê-lo. Sei que o sinto em mim, mas gosto de questioná-lo para enternecer aquilo que começo a sentir por ele. Sou um homem generoso e alegre. A generosidade é a minha primeira pele. A alegria é a minha seiva. Segrego-a por todos os meus poros como uma necessidade de respirar acima da linha de água. Não tenho medo de morrer. Vejo a morte como um regresso aonde já estive e onde vou sempre regressar. Sinto a minha alma manifestar-se de cada vez que penso no meu regresso. Também sei que me diz que não é para já. Há ainda palavras a escrever, beijos a dar, viagens a fazer. Há ainda uma vida para viver.

Preciso de me envolver sempre de maneira muito generosa com aquilo que faço. Não tem sentido para mim que seja de forma diferente. Sou incapaz de fazer seja o que for só por fazer. A generosidade é a parte mais óbvia em mim. Só não o sou quando algo compromete o meu respeito ou é feito para me fazer sofrer propositadamente. Aqui, afasto-me. Não confronto, nem ataco. Tenho este meu lado que me diz que aprendo mais no afastamento do que num desatino qualquer. Sempre acreditei que o mais difícil de esquecer são as palavras que se dizem em momentos intensos. Os actos, esses, têm menos eco. Esquecem-se. Substituem-se por desculpas e beijos. Submergem no tempo. Ficam apenas com quem os decide guardar. São como fotografias com demasiada luz ou cartas nunca enviadas. Nunca servem para mais nada.

Não deixo que ninguém me tire nada. Não peço nada emprestado. Não me associo a nada. Tenho dificuldade em trabalhar em grupo. Dou tudo a quem me pede nada. Sou generoso com quem precisa de acreditar nele mesmo. Partilho o que me é possível partilhar. Agradeço o que tenho e ainda não tenho. Não me envergonho daquilo que acredito e defendo. Sou cada vez mais um solitário. Gosto de novas perspectivas e ângulos diferentes. Tenho dificuldade em viver sem viajar. Não gosto de alimentar memórias, mas de criar momentos. O futuro não me diz nada. Deixei de procurar seja o que for. Sou feliz com quem gosta de me ver feliz.

Sempre gostei de uma mulher vestida de jeans e t-shirt branca. Faz-me lembrar a minha adolescência, as férias na Europa, os comboios entre países, as conversas em língua estrangeira, os gestos e as risadas, os beijos, as loucuras de ser louco. As melhores histórias são aquelas que nos fazem sorrir antes de acabar, aquelas em que o final já não é importante. Já vivi muitas assim. Não quero que as novas sejam de forma diferente.

○

Quando escolho por mim, tenho consciência do poder que tenho sobre a minha vida. Torno-me pura e simplesmente no criador da minha realidade. Muita gente duvida da sua liberdade e capacidade de escolher. Acreditam que mais vale ser como os outros do que ser diferente e correr o risco de não ser aceite. Pior. Ser morto e continuar vivo. Como um zombie. Como uma rotina.

○

Quando escolhi o meu caminho, sabia que ia invariavelmente ferir pessoas. Sabia também que havia gente que ia sair da minha vida, mesmo que as quisesse reter ou dissuadir de partir. Sabia ainda que o mundo não ia mudar só para me agradar, simplesmente porque o mundo nunca deixa de ser o mundo. Acreditei que se fosse generoso e tolerante, seria entendido e aceite, mas enganei-me. Acreditei também que podia contar com os amigos e a família, mas a verdade foi bem diferente. Acreditei ainda que seria perdoado pelos meus erros, mas ao invés fui condenado sem direito a qualquer defesa. Aprendi, no entanto, que se quero ser feliz, só posso contar comigo e depender unicamente de mim. Aprendi também que o amor é muitas vezes apenas camuflagem de algum interesse. Aprendi ainda que a vida só é minha a partir do momento em que a vivo sem medo de perdê-la. Como num sonho real. Entre o meu coração e a minha alma. Talvez mais próximo. Talvez mesmo sem distância nenhuma. Num ponto só.

Todo o abraço é para mim um vínculo. Todo o beijo é uma promessa. Todas as coisas boas que me acontecem são presentes que fiz por merecer. Todo o compromisso é uma confirmação da existência da minha liberdade de escolher. Toda a escolha é uma oportunidade de viver de maneira diferente. Toda a minha poesia é a minha vida em movimento. Um sinal de um deus que me congratulou com a apetência de juntar palavras e dar-lhes um sentido só meu. Não me sinto um privilegiado. Não sou uma excepção. Não sou filho de um pai abastado e influente. Sou apenas alguém que gosta de viver apaixonado pelo que a vida lhe dá todos os dias. Alguém que sabe rir de si próprio antes mesmo de tropeçar na culpa de não saber ser diferente.

Não me basta sentir. Preciso de acreditar no que sinto. Se não acreditar, vão-se-me colocar dúvidas e vou ceder diante do medo de poder estar errado.

Só sinto quando deixo de ter opinião. Só sinto a partir do momento em que não quero saber de respostas. Só sinto apenas se me deixo ir dentro do meu peito, ali onde as emoções se misturam e me fazem desmantelar todas as hesitações e medos. A verdade é que já não temo sentir. Receio antes não sentir. Tenho medo de ficar à escuta e não ouvir nada, de morrer sem me aperceber. Não quero perder o meu sentir. Prefiro deixar de respirar. Até mesmo deixar de escrever.

Quem passa pela vida e pensa que não tem nada por que agradecer, não entende nada de como ela funciona. Quem não é grato, não pode responsabilizar-se pela forma como escolhe viver. Tudo lhe é penoso e feito em esforço. Tudo é feito para receber sempre algo e nunca apenas pelo prazer de fazê-lo. Quem não é grato, sofre mais do que todos, porque culpa os outros e desculpa-se a ele mesmo demasiado fácil. A ausência de gratidão tira a capacidade de saber o tempo de cada coisa e poder avançar mais tranquilo na sua jornada. Essa é a razão por que a gratidão não é para todos. É apenas para aqueles que têm o talento de viver em alegria.

○

Não quero saber nada da minha reputação. Ela só existe na cabeça dos outros.

○

A maior dor vem sempre da decepção. A decepção existe porque me acho no direito de esperar algo de alguém. Na verdade, a minha vida passa a depender dos outros quando penso desse modo. A minha frustração aumenta no grau da minha expectativa. Nada faz sentido se não acontecer como espero que aconteça. O meu erro é acreditar que tenho direito a algo. O meu engano está em não confiar na generosidade da vida. Nada é meu. Tudo é-me emprestado pela própria vida. O que muda é a maior ou menor gratidão que coloco nessas ofertas. Se não for grato, nada tem sentido diante das minhas perdas e derrotas. Se for grato, fico cada vez mais num estado de graça. Só isso. O restante faz parte de quem não sou, nem espero vir a ser.

Dentro do meu coração, o tempo não é o mesmo que fora dele. Muitas vezes, nem sequer existe. Outras vezes, é o resultado de existir apenas para me dar ainda mais tempo. Dentro do meu coração, nada acontece fora do seu tempo. Tudo acontece numa ordem feita de despojamento e amor. É um calendário de anjos. Ali, a dor não tem presença, porque é matéria de astrólogos e médicos, psicólogos e assassinos. Dentro do meu coração, o tempo é uma emoção, uma possibilidade de novos sonhos e voos. Uma nostalgia de diferentes tempos neste mesmo tempo. Dentro do meu coração, o tempo curva-se em reverência a tudo o que vivo. Só isso.

Às vezes, não entendo a dimensão daquilo que me une a certas pessoas. Gostava de inventar uma palavra para essa ligação. Amor é demasiado vago. Talvez até demasiado revivalista. Quero uma palavra, mas só me vem ao coração um pensamento. Um encontro com aquilo que já encontrei antes. Um prazer igual ao de perseguir moedas nos bolsos. Tudo fica na mesma, mas tudo sai do sítio. O que me une a certas pessoas faz-me ser tonto por dentro e por fora. É uma relação em que não quero nem tenho de olhar para trás. Construo-a a cada princípio e a cada final. Faço-a sorrir-me, e talvez seja melhor defini-la assim, apenas com um sorriso. Nada de palavras. Só com um sorriso, porque tudo o que sorri tem vida. Só isso.

Já não aguento coisas superficiais. A intensidade vive nas minhas veias. Tornou-se sangue.

Se hoje vivo a vida que vivo foi porque corri riscos suficientes para conquistá-la. A minha definição do que é possível ganhou uma dimensão diferente. Escolhi voar sem saber se tinha asas. Decidi sonhar porque compreendi que sonhar é a razão da alma. Deixei para trás o conforto e entreguei-me à aventura de sorrir. Rasguei o meu peito, tirei de lá a miserável aceitação da queixa e permiti que entrasse a luz da ousadia. Nada mais foi igual. Passei a aceitar o tempo das coisas no meu próprio tempo. Comecei a estar onde respiro paixão. Percebi que mereço a vida. Só a vida. Nada mais. O resto não é meu. É feito para mim.

Sou absurdamente apaixonado por desenhar palavras que diferem de todas as outras, não em forma, mas em ofício. Um dia, vou inventar palavras que não precisem de ser desenhadas, palavras que basta sorrir para que sejam escritas. Um dia, vou deixar-te escrever por mim. A sorrir. Palavras sorridas. Palavras que vou reconhecer sem as ver. Palavras afinadas no meu sentir. Tal como se fossem um sentimento. Ou uma alma igual à minha que me toca no ombro para que me volte e a reconheça. Assim. Sem mais nada a dizer. Só a sorrir. Como vão um dia ser desenhadas todas as minhas palavras.

○

Já vivi histórias de que não me lembro mais. Não sei se foram histórias, mas foi assim que as apelidei e assim ficaram na minha memória. Talvez tenham sido apenas momentos. Não sei. Também não é importante. Foram o que foram. Hoje, não viveria algumas de novo, não porque esteja arrependido, mas porque se me fosse dada uma nova oportunidade faria de forma diferente. Talvez toda a minha vida mudasse com tais mudanças. Talvez até ficasse pior do que é agora. Não sei, nem quero saber. Aceito e gosto da minha vida tal como ela se me apresenta. A verdade é que o mundo das suposições sempre me deixou indiferente. Sou mais de queimar os dedos e gritar do que de imaginar como seria se não gritasse.

○

Cada vez gosto mais de estar sozinho. A idade está a dar-me hábitos de liberdade. Faço aquilo que me apetece sem permitir que ninguém me diga o que devo ou não fazer. Estou a ganhar um novo alento que só quem é livre consegue sentir. A solidão não me assusta. Bem pelo contrário. Vejo-a como o meu recanto, o meu tempo onde me curo da multidão. A vida que tenho pela frente é desconhecida, mas não a temo. Já sei do que sou capaz. E do que ainda não é suposto acontecer. Comigo, encontro-me. Voo até onde me é possível voar sem medo de cair ou ser abatido. Quando regresso, tardo em voltar a ter pressa e vontade de partir. Sou assim. Faço tudo em nome da minha paz.

Sempre tive uma tendência para o interdito e uma enorme paixão pelo ousado. Adoro ser surpreendido e elogiado pelo que desconheço em mim. Adoro o imprevisto e a beleza destemida de quem não se importa de morrer pela sua verdade. Sou um rebelde entregue a uma causa sem fim. Adoro a minha vida e sei que sou por vocação e talento feito de partes iguais de loucura e provocação. Quem não me conhece, só pode amar-me ou detestar-me, porque na minha vida não existe o meio-termo. Também não me importo. Viver da forma como vivo tem obrigatoriamente certas condicionantes.

A maneira como vejo os outros é uma extensão de como me vejo a mim mesmo. Aquilo em que acredito faz-me de cada vez criar a minha realidade.

Estou sempre no meio de tudo aquilo que fiz e permiti que me fizessem. Não tem como não ser assim a partir do momento em que tenho o poder de escolher e decidir por mim próprio. Nunca quis ser um vencedor, nem um vencido. Sempre procurei ser um aprendiz, por vezes de forma consciente, por vezes apenas a fugir do meu medo. É-me igual. Estou aqui sobretudo para aprender a sentir o amor. Entendi isso há muito pouco tempo atrás. Só o amor. Acima de tudo o amor, para depois poder ver tudo através dele. Ver o medo. Ver aquilo que ainda não compreendo ou aceito. Ver tudo aquilo que ainda não amo.

○

O tempo vai e não volta. Não é património de ninguém, nem mesmo dos que vivem. Nem tão-pouco dos que já partiram. Na verdade, o tempo é a mistura dos pedaços de pele que me arrancaram e dos que fui perdendo pelo caminho. Tenho com ele uma relação de dualidade. Aceito a forma como me dá e ao mesmo tempo me tira algumas coisas que julgava perdidas e outras que não pensava mais perder. Permito que me faça pensar, mas não lhe dou autorização para me impedir de sentir. Quando sinto, fico no meu momento e o tempo desaparece de todas as minhas equações. Não tem como não ser assim. Apenas quando penso sinto o seu correr por entre os meus segundos, não como o ponteiro de um relógio, mas como uma vida que teima em andar mais depressa do que me permito aceitar.

Ensina-me mais uma vez a sonhar. Lembra-me por favor como se faz. O tempo fez-me esquecer o caminho para os meus sonhos. Perdi-os entre quem fui e quem ainda não sou. Ensina-me mais uma vez a sonhar. Fiquei com medo de não voltar a tê-los. Preciso da tua coragem e do teu sorriso, da tua força para que os reveja mais uma vez em mim. Já não sei como se sonha. A vida tirou-mos sem me perguntar se queria desistir deles. Ou fui eu quem os ignorou de tanto temer não os conseguir. Ensina-me mais uma vez a sonhar. Lembra-me por favor como se faz. Não me abandones sem sonhos. Não sou mais ninguém se não voltar a sonhar. Por favor, ensina-me mais uma vez a sonhar. Não quero viver sem sonhos. Não quero andar de braço dado com a tristeza de não conseguir sonhar.

Gosto quando os meus pensamentos viajam dentro do meu coração. É como se estive apaixonado sem amar. É uma leveza que me oferece o melhor de mim mesmo. Nada parece pior do que realmente é ou melhor do que jamais foi. Penso de forma diferente, mais enamorado por aquilo que sei existir, mas que nunca vi. Ouso sonhar sonhos que transformam tudo aquilo que é meu em algo especial. Perco-me entre pessoas e lugares que transformo em reencontros comigo próprio. Sinto-me diferente. Não mais o mesmo. Sinto-me alguém para quem o coração não é mais uma oportunidade perdida. É antes um sorriso no momento certo.

Deixa partir quem quer partir. Deixa seguir quem deve seguir. Entende que já não é suposto ficares com quem não quer ficar. Se quiseres, fica triste, chora, mas deixa ir quem quer partir. Não teimes em parar o tempo ou fechar as portas. As pessoas partem muito antes de sair, quando mais nada as prende. Agradece todos os dias em que estiveste na sua companhia. Agradece tudo aquilo que aprendeste e não fiques zangado, porque só fica zangado quem acredita que tem direito a algo mais de alguém. Deixa ir. Deixa partir, para que tu também possas partir para onde provavelmente já devias estar.

○

Às vezes, há que fazer o que tem de ser feito, mesmo que já não exista vontade nenhuma para o fazer. A verdade é que deixámos que se arrastasse demasiado tempo no tempo para podermos agora adiar mais algum tempo. Todas as coisas que perdem o seu tempo já só são feitas por obrigação. Podemos sempre não o fazer, mas no fundo sabemos que tem de ser feito. O descompromisso é muito pior do que fazer o que tem de ser feito. Vivenciar o desconforto por apenas mais um pouco de tempo faz-nos compreender a importância de não adiar nada. Adiar é afastarmo-nos do nosso céu. É correr sem sair do lugar. É viver uma vida que não é suposto ser a nossa. É baralhar e dividir as cartas no jogo e não ficar com nenhum trunfo.

Tenho lembranças da minha infância que hoje me fazem todo o sentido. Na altura, nem sequer as vi como lembranças. Foram momentos em que me senti muito só. A distância que se criou entre mim e o resto do mundo era tão grande que dei por mim a não falar durante dias. Não me lembro de alguém ter estranhado ou notado a minha escolha. Pareceu-me um tempo sem tempo, um tempo em que me refugiei muitas vezes debaixo da minha cama com o meu urso de peluche e lhe confidenciei um plano de fuga para a felicidade. Não sei quantos dias durou a minha vontade de fugir. Sei apenas que jurei vezes sem fim ao meu amiguinho de pano ser um dia um viajante sem amarras, um combatente da dor e da solidão, um aventureiro sem medo. Ler o que escrevo, faz-me sorrir.

○

Eu não vejo apenas as pessoas. Eu escuto-as mesmo que não falem. Olhar alguém sem escutá-lo é o mesmo que não o ver. É impossível ver sem escutar. Os invisuais escutam para ver. Se ao menos fizéssemos o mesmo, saberíamos melhor como ver mais facilmente as pessoas com quem convivemos. Quem aprendeu a escutar, aprendeu a ver o que nem os olhos conseguem mostrar. O que não se vê, se quisermos, escutamo-lo sem dificuldade. Não tem como não ser assim. Ver e escutar ao mesmo tempo é também uma forma de sentir, porque sentir é sobretudo ver e escutar sem receio de ficar cego ou surdo. É não ter medo de nada do que se pode vir a sentir. É não ter medo mesmo daquilo que nunca se conseguiu antes sentir.

Nada é mais útil para mim do que aquilo que não sabia precisar. A vida tem planos para mim, mas eu tenho planos ainda maiores para ela. A possibilidade de vivê-la sem deslumbramento não faz mais parte de quem sou. Quero voar mesmo sem levantar voo. Quero dar-lhe muito mais do que aquilo que ela sonha vir a receber de mim. Vou virá-la do avesso até encontrar nela aquilo que me transcende e ainda desconheço. Não acredito em nada que não seja feito para melhorá-la. Aquilo que a piora não é humano. É próprio daqueles que dançam sem par. É comum aos que veneram demónios e mentiras. A verdade é que sou o maior amante da minha própria vida. Jurei cuidar dela até ao fim. Tatuei-a nos braços com um texto meu. Um texto de lembrança. Uma lembrança de mim. De nós.

Amo fazer amor. Não o consigo evitar de sentir. É mais forte do que eu mesmo. Não é um vício, mas um deleite. A cada vez. Como se fosse a única e última. Gosto de me entregar. Gosto de receber. Gosto de dominar e ver renascer. Respiro imaginação e fantasia no toque dos corpos. Invento beijos e carícias na soma de todas as loucuras. Amo fazer amor. Amo perder-me no primeiro toque dos dedos, na primeira investida dos lábios. Sou teu. Faz de mim o que quiseres, mas sem deixares de ser minha. Amo a posse sobre os lençóis. Amo fazer amor.

○

Gosto de deixar a minha vida fluir na sua própria direcção. Não a abandono. Nunca a deixo para trás. Acompanho-a sempre e fico atento. A atenção é o segredo. Não vou saber sentir sem estar atento ao que me atravessa o peito. Sinto e aceito. Aceito e sou grato. A gratidão é a única maneira que tenho de prosseguir sem medo daquilo que me procede. Não existe felicidade sem gratidão. A dizer a verdade, já há algum tempo que não temo viver.

Estar aqui é uma bênção. Sei que sou um poeta, porque um dia me permiti de sentir. Escrevo apenas aquilo que sinto. Nada mais. Se um dia deixar de escrever é porque deixei de sentir. Posso até vir a morrer. Não sei. Não me interessa. Mas quero sentir até que me queime a pele. Nunca antes.

Existem dores que só sangram quando se deixa de ser herói. Já não importa tanto quem nos desferiu o golpe, mas mais quem nos deixou esvair em sangue. Há uma certa indolência quando somos feridos de morte, como se a memória da espada ou da bala a entrar na carne nos deixasse sem resistência. As mãos apertam a ferida e o calor do sangue toca-nos os dedos com um prenúncio de morte. Os olhos procuram o azul do céu e sondam a infinidade do tempo na procura de anjos e luzes. No entanto, nada muda, a não ser a cor das coisas. A escuridão começa a instalar-se à nossa volta e parece-nos sentir sobre a cara o primeiro beijo do diabo. Por uma razão que nunca entendemos senão quando lá estamos, julgamos ver quem partiu antes de nós e ficamos tristes pelos que deixámos lá atrás. Mas não nos vale de nada. A jornada de retorno tomou a dianteira.

A sensibilidade nos homossexuais fascina-me. É diferente da das mulheres, não porque é mais evidente, mas porque a maior parte do que sentem dificilmente se descreve em palavras. Gosto do sorriso nos homossexuais, não porque seja mais bonito, mas porque o que parece pouco é por vezes tanto. Toca-me a gentileza da sua linguagem. É como se fosse o anúncio de um caminho por ser feito, mas ao mesmo tempo já conhecido. Talvez nem todas as pessoas partilhem do que aqui escrevo, mas nem mesmo o amor é unanime. A uns, faz sofrer, a outros, sorrir.

Deixa. Deixa que aconteça. Deixa que te marque. Deixa que te faça parar. Deixa que te faça sentir um enorme aperto no peito. Deixa que doa. Deixa que te leve a gritar. Deixe que te cale. Deixa que te faça mudar de caminho. Mas deixa, porque se não deixares ficas fechado no que é passado. Sê deste mundo. Entende o que nele te fere em silêncio e de maneiras que nunca imaginaste, escuta tudo daquilo que te chama, segue sozinho se não tiveres companhia, acredita no que quiseres, ama da forma que sabes, mas deixa acontecer. Não fujas. Não tenhas medo. Deixa. Deixa que aconteça. Deixa que te marque, porque só deste modo vais poder entender por que razão estás há tanto tempo com a sensação de que a tua vida parou. Deixa que aconteça para que não traves mais aquilo que tem de acontecer contigo. Deixa. Deixa mesmo. Deixa que aconteça.

Ninguém me pode tornar melhor, pior ou diferente. Ninguém me pode mudar. Ninguém pode fazer nada por mim se eu não o quiser primeiro. Aquilo que qualquer pessoa pode dar-me é a liberdade de escolher aquilo que sinto fazer parte de mim antes mesmo de sê-lo. A minha vida começa onde o controlo acaba. O meu sorriso desencoraja a minha tristeza. Só sinto a ausência do que acredito erradamente ser meu. A minha liberdade escreve-se apenas com palavras de amor. A minha paixão é feita em fracções iguais de verdade e espontaneidade. O óbvio deixa-me de muitas maneiras perdido. Preciso de sentir a vida percorrer as minhas veias à medida que caminho na sua direcção. Pode até parecer ridículo, mas a minha vida não se mede mais ao minuto. Não se mede de modo nenhum, porque nunca se mede uma graça.

○

Não preciso de ser perfeito. Basta-me gostar das minhas imperfeições e aceitar a viagem que elas me trazem. Sou quem sou e gosto de quem me tornei. Recuso ser formatado ou tornar-me numa repetição. Gosto de poetizar a minha vida, porque acredito que toda a poesia tem paixão, mesmo a que fala da tristeza e da morte. Sei falar com entusiasmo. Aprendi ao me permitir sentir quem sou e quem são os outros. O que é maravilhoso está sempre dentro de cada um de nós, nunca fora. Descobri também que o amor existe na alegria de não o procurar. Apenas de ficar a esperar por aquilo que não espero. Ou então de partir para onde não me esperam, mas onde ficam felizes sempre que chego.

A realidade só assusta aqueles que não sabem o que andam aqui a fazer. Não ter um sentido na vida é algo sem sentido. Se não sabes o que queres, viaja. Viajar tem sempre aquele condão de fórmula mágica. Viaja e conhece novas pessoas. Escuta-as como se nunca tivesses ouvido ninguém antes. Ri com elas. Deixa-as fazer sentido. Permite que te mostrem os seus cantos e te deem a cheirar os seus perfumes. Acolhe o seu desconhecido como uma parte de ti. Bebe do copo delas. Beija aquelas que te despertam desejos. Faz amor e ousa ser a pessoa sensual que nunca foste com ninguém. Entrega-te. Desperta. Sonha. Promete voltar, ainda que saibas que talvez nunca voltes. A vida é também tudo isto. E muito mais.

Aquilo de que preciso, ninguém mo pode dar. Só a carência pode fazer-me esperar receber dos outros aquilo que entendo precisar. Se não recebo, vou queixar-me e exigir que mo deem. Se não mo dão, vou cobrar, porque as minhas expectativas não estão a ser cumpridas. A verdade é que nada do que vem de fora vai retirar o vazio emocional de dentro do meu peito. A solução é ser eu mesmo, sem restrições nem medos, sem dar importância à opinião de ninguém sobre mim, sem recear ficar sozinho ou ser incompreendido. Apenas quando me aceito como sou, vou poder amar-me através do respeito que sinto por mim próprio nas escolhas que faço. Só assim vou deixar de precisar dos outros e dar-me sem esperar nada. Sempre que quiser. As vezes que me apetecer. Sem medo de me perder.

○

As memórias do meu pai e do meu irmão vêm ter comigo como se ambos estivessem ainda vivos. Lembro-me dos seus sorrisos e palavras, do seu jeito e da forma como caminhavam. Recordo com demasiada lucidez os seus últimos dias. Não me faz mal. Faz-me repensar tudo o que me marcou neles enquanto andaram por aqui. Faz-me viver emoções que voltam a crescer no meu peito ainda incapacitado de falar sem tristeza. Cada um deles fez as suas escolhas. Cada um deles desenhou mapas e não chegou a descobrir o caminho para os seus tesouros. Talvez o façam numa próxima vida ou noutro lugar do céu.

○

Aprendi a viver com aquilo que tenho. Tornei-me mais atento aos pormenores. Percebi a importância de cada palavra no instante em que é proferida. Já não guardo mais a minha verdade a sete chaves. Algumas pessoas começam a ter o segredo para lá chegar. Ainda bem. Já era de tempo de ter menos medo.

Aquilo que mais me liberta é prescindir de saber o que vai acontecer. Quando chega o momento, estou lá e pronto. Sei da minha capacidade de viver tudo aquilo que atraio. Por isso, atraí. Porque estou à altura de lidar. Sou capaz. Mesmo que esteja quieto. Mesmo que esteja a chorar. Ou a rir. Sou um barquinho com quilha de aço. Um pequeno pássaro com um bico assustadoramente afiado. Um sonho de vida. Um sorriso de alegria. Sou sempre assim. No conforto de adormecer no sofá e acordar a meio da noite com a televisão ainda ligada no filme que deixei de ver. No sossego de escrever aquilo que o meu silêncio me diz. Na preguiça depois do amor saciado. No sentir de tudo aquilo que só tem sentido para mim. No círculo de luz da lua que entra pela janela aberta do meu quarto e me desperta. Como um beijo. O teu.

Entendo quem se zanga comigo. Entendo a sua dor. Compreendo a sua raiva. Sei que o problema não sou eu, mas aquilo que lhe estou a fazer sentir sobre ele mesmo. Se me permite, peço-lhe que me fale sobre a sua dor. Se não fugir, faço-o sentar do meu lado e peço-lhe que me fale da sua ferida. Deixo-o ficar triste e virar a sua atenção para o seu próprio peito. Quero que se sinta e me esqueça. Não sou eu o responsável. Sou apenas quem lhe lembra a dor. Quem lhe permite de se curar. Numa cumplicidade de almas. Num outro lado do sofrimento. Num amor inexplicável. Inexplicável como é a natureza de todos os amores.

Apaixono-me facilmente pela maneira como sou tratado. Não consigo escondê-lo. Fico enternecido da raiz às folhas. Da pele ao sangue. Mas não peço muito. Apenas que me arrepiem a alma com o que me fazem. Que me marquem o coração ao milésimo de segundo. Como uma flecha disparada de longe com a perícia do cupido ou do homem verde dos bosques. Não nego, nem consigo. Preciso de carinho. Não de todos. Apenas daqueles que me conhecem o suficiente. Dos que sabem a razão de muitas das minhas rugas. Da arqueologia de muitas das minhas feridas. Do que me faz chorar e sorrir ao escrever. Dos amores que não quis guardar em caixas de papelão como provas do que vivi num tempo sem tempo. Recebo carinho apenas daqueles que não me fazem lembrar a existência do sofrimento para justificar um abraço. Não. Recuso-me a ser o coitadinho. Prefiro que me cortem os pulsos com palavras de raiva. Pelo menos, morro em silêncio. Sem conseguir falar do que preciso tanto receber.

Não preciso de perguntar a ninguém para saber a resposta às minhas perguntas mais difíceis. Basta-me fechar os olhos e escutar o meu lado mais livre. A verdade é que já há muito que deixei de acreditar no óbvio, naquilo que as maiorias defendem ou no que nos dizem ser o melhor e o mais correcto. Gosto de ouvir o indigente, o rebelde, o solitário, o pecador, o louco. Muito neles é coincidente. Como um adn ou uma cor que os define e onde encontro similaridades. Todos acreditam num mundo diferente, mais justo, mais alegre. Defendem que somos convidados sem festa. Professores sem escola. Compreendo-os. O meu lado mais livre fala-me do mesmo. Pede-me o mesmo. Pede-me que defenda aquilo em que acredito. Diz-me que a minha verdade é a única que é importante para mim. Segreda-me que parta em direcção ao meu coração. Sem medo. Como uma nuvem no céu. Com tudo o que sou.

○

Durante muitos anos, tive medo de amar, porque tinha medo de sofrer. A verdade é que ainda não estava preparado para entender que o sofrimento não tem nada a ver com o amor, mas com todas as expectativas que colocamos nele. A nossa imaginação cresce na medida das nossas necessidades e nunca daquilo que sentimos. Quando sentimos amor de verdade, não lhe pedimos nada. Sorrimos, apenas, porque sorrir é a melhor forma de mostrar o que se sente. Pelo contrário, quando acreditamos estar a viver um amor que ainda nem sequer sabemos não ser amor, queremos receber dele aquilo que não conseguimos dar a nós mesmos. Hoje sei que amar não é sofrer. Hoje sei que amar é apenas sentir. Sentir e sorrir sobre o que sinto. Partilhar com o outro aquilo que acabei de perceber que também o faz sorrir.

○

A idade permitiu-me de dominar a arte do momento certo. Deixei de ter medo de falar demasiado cedo ou tarde demais. Passei a sentir o tempo de cada coisa de uma forma tão clara que por vezes dou por mim a questionar a minha ausência de dúvidas. As palavras ganharam uma mecânica muito própria e as atitudes aliaram-se a uma espontaneidade de baralho por estriar ou de metrónomo descompassado. Posso fazer acontecer tudo e cada coisa no tempo mais inesperado e nos lugares menos escolhidos. É quase um talento, sem o ser. É mais uma propensão. O desejar muito de ser eu próprio. A permissão de dizer e pensar o que quiser de quem quiser, não como juízo, mas como um respeito maior. Uma espécie de diferença por convicção. Uma vida muito antes de qualquer morte. Uma vontade tornada ousadia. Sem mais nada, nem nada menos.

○

Gosto de quem me faz quebrar regras que julguei nunca vir a quebrar. Gosto do silêncio do horizonte antes do sol lá chegar. Gosto da simplicidade de me esquecer de pensar. Gosto das lembranças que virei a repetir. Gosto daquele tipo de saudade que me faz sorrir e fechar os olhos. Gosto de ti porque não me vejo a gostar de mais ninguém. Gosto de quem me mente só com a verdade. Gosto de sonhos no meio de tempestades. Gosto de tudo aquilo que começa com sorrisos e música. E acima de tudo, gosto de gostar de tudo aquilo de que gosto, porque quando gosto, gosto mesmo, gosto a valer.

Um dia, já não estarei cá. Um dia, serei memórias e silêncios. Um dia, serei emoções e papéis espalhados no chão. Um dia, serei uma canção ou um poema. Hoje, sou liberdade. Hoje, sou loucura. Hoje, sou uma vida e uma história. Hoje, sou paixão. Hoje, não sou ainda aquilo que serei um dia. Que se lixe. Quando lá chegar, vou sorrir e voar por entre as estrelas e o pensamento. Se nada disso for verdade, serei no mínimo nada. Numa perspectiva grata, nada é tudo.

Sou um poeta que não se alimenta de utopias, mas de incertezas e riscos, que se calhar é dizer o mesmo com outras palavras. Que se dane, mas não concebo uma vida medíocre para mim. Quero dar aquilo que vim aqui dar para receber aquilo que escolheram dar-me. Quero fazer o impossível para viver sem medo dos limites e não ceder ao pré-estabelecido. Detesto obrigações sem sentido ou regras sem qualquer lógica. Fui feito para ser livre, mesmo na falta de liberdade. Digam o que quiserem, mas sou alguém que apenas concebe viver apaixonado por aquilo que faz e acredita.

○

Posso até parecer pouco romântico, mas não quero envelhecer com quem possa passear de mão dada, ter os mesmos hábitos e preferências, gostar dos mesmos filmes e livros, deitar sempre à mesma hora e nunca separados, almoçar todos os domingos no mesmo restaurante de há anos, ter os mesmos amigos todos os finais de dia e semana. Quero viver com quem me faça sorrir de mil e uma diferentes maneiras, quem me arranque da mesa a meio do jantar unicamente para me beijar, quem não queira nunca a minha atenção, mas antes a minha capacidade de confiar, quem me salve todos os dias do tédio e me deixe levá-la sem medo para o meio de tudo o que acontece à nossa volta, quem não me deixe prever o que me vai dizer ou o que pensa de cada vez que me olha, quem vista roupas coloridas e ria muito de tudo e de nada, quem beba um bom copo de vinho tinto sem pensar que lhe vai fazer mal a alguma coisa. Se envelhecer com alguém do meu lado, não quero alguém que me faça sentir um velho. Quero alguém que me queira do seu lado com a mesma intensidade com que se vive um desses amores breves que se acredita serem para toda a vida.

Ainda que não saiba bem o que é o amor, não quero repetir aquilo que julguei ser amor. Acredito que para amar verdadeiramente alguém, tenho acima de tudo que criar algo novo em mim. Nunca saberei bem o que é, porque depende do amor que esteja a viver. Sei que existem muitos géneros de amor. Os que prefiro, só os posso viver uma vez. Não importa que seja um grande amor. Basta que seja um amor. Simples como eu. Que me faça fechar os olhos sem chorar. Que me coloque um sorriso no olhar.

Aquilo que mais gosto numa relação é quando não é uma relação. Aquilo que mais desejo numa relação não existe numa relação. A verdade é que não quero viver uma, nem numa relação. O que quero transcende o propósito de toda a relação. O que procuro se calhar não tem nada a ver com amor. Provavelmente, nem será amor. Não sei. Sei lá. Quando sentir, vou saber. Quando entender, vou ficar. Disso tenho a certeza. Disso não tenho dúvidas.

O meu tempo é quando eu quero. Já perdi demasiado tempo no passado com a minha incapacidade de virar as costas e dizer aos outros o que quero e não quero. Tolerei o intolerável. Suportei o insuportável. Aprendi que o que me acontece tem muito a ver com aquilo que decido fazer com o meu tempo. Gosto de mandar nele. De sorrir com ele. Já não arranjo desculpas para ficar com ele. Fico. Abraço-o. Faço amor com ele, se for preciso. Deixo-o ficar em sossego comigo. Faço com ele aquilo que quero, porque é meu. Não é de mais ninguém. A não ser que eu queira.

○

Já há muito que entendi que para mim só pode existir uma forma de fazer as coisas. A que tem a ver comigo. Apenas. Mais nenhuma. Se fizer de outra maneira, saio sempre a perder. Sofro. Desvio-me do meu caminho original. Descubro aquilo que não era suposto descobrir agora. Encontro quem não devia encontrar neste momento. Paro onde não precisava de ter parado. E tudo muda. Tudo fica de pernas para o ar. Não me reconheço. Não me sinto bem na minha pele. Quero fugir, mas não sei como fazê-lo. Recorro ao que não devo recorrer.

Morro dentro do grito sufocado de quem me tornei. Espero um milagre. Um anjo. Um deus. E esqueço-me que nada acontece sem mim. Nada muda se eu realmente não quiser. Sem medo. Sem desvios. Como uma canção. Até ao fim. Até deixar de tocar.

○

Tenho pessoas muito especiais na minha vida. O que as distingue é aquilo que não querem saber sobre mim. Não perguntam nada. Escutam-me apenas. Respeitam a minha loucura. Vivem sem ela, se quiserem. Não me exigem nada. Não me criticam. Estão apenas lá se eu passar por perto. Se chamar por elas. Abraçam-me com as suas palavras. Com o seu perfume. Salvam-me de mim mesmo. E eu delas. Como oráculos. Como irmãos. Mais. Como partes de quem somos sem nos tirarmos nada. Amigos de vida. Filhos do mesmo deus. Habitantes do mesmo lugar.

○

Amo todas as mulheres por tudo aquilo que me ensinam sobre mim mesmo. Com elas, a minha feminilidade ganha cor. A minha sensibilidade confessa-se mais presente do que nunca. Torno-me ainda mais quem realmente sou. Muitas vezes, sinto-me tão mulher quanto elas. Na verdade, assumo-me o homem que sou na mulher que me mostram guardar em mim. Amo-as, como se amar fosse antes de mais sorrir. Sou quem sou porque elas são quem são. Partes de mim. Silêncios no meu ruído exterior. Amores de toda uma vida.

Já não acredito num sentido único das coisas. A lógica de tudo existe na vontade de que tudo seja do modo que queremos que seja. Se não for, dizemos que não tem lógica. Não era suposto acontecer assim. A lógica é exactamente tudo aquilo que menos queremos. Onde existe lógica, não existe transformação. O que é lógico não traz consigo nada de novo. É na mudança que o sentido existe e a aventura da vida começa. Quem não muda, não vive. Querer ficar no mesmo sítio é o mesmo que teimar em repetir um eco. É uma restrição. Uma morte. Só a mudança inspira a vida. A minha. A tua. A de quem quer viver de maneira a nunca mais morrer.

○

Dizem que não se consegue viver sem explicações. Eu prefiro não ter explicações para viver.

○

A maior cumplicidade tenho-a com os meus filhos. O que existe de bonito, existe neles. São a minha arquitectura mais bem conseguida. São as minhas palavras mais bem escritas. Não precisam de ser pronunciadas em voz alta para ganhar significado. Leem-se com um sorriso, em silêncio. No entanto, somos todos palavrosos e alegres por natureza. Rimos muito enquanto falamos uns com os outros.

Rimos muito, porque rir é também amar. Rimos muito, porque a nossa cumplicidade é feita a rir. Não podia ser de outra forma. Amar alguém a rir é uma das melhores maneiras de homenagear o seu amor.

○

Dou conta de que cada vez penso menos. Percebo que já não me preocupo mais como dantes. Confio cada vez mais na vida. Entrego sem hesitar aquilo que ainda não sei entender. Já não quero saber daquilo que vem depois. Sigo sempre o que sinto sem querer mais nada senão sentir. Deixei-me de inventar desculpas ou queixar do que me trava ou apressa. Passei a acreditar em mim de uma maneira como nunca julguei poder vir a acreditar. Aprendi a viver melhor comigo mesmo apesar dos outros. Tornei-me no que sempre imaginei ser. Não desejo mais nada do que aquilo que tenho comigo. Sei o suficiente para viver sempre com um sorriso nos olhos. Amanhã, logo se vê.

Sou um homem de muitas paixões. Tudo me toca, mas pouco me prende. Tenho um lado inquieto que me acalma, porque se não o tivesse passaria todo o meu tempo a sufocar no tédio. Apaixono-me por tudo aquilo que sinto, por tudo aquilo que me faz sorrir com os olhos. Quem quer, conhece-me num instante. Não procuro nada para além daquilo que a vida me vai dando com as minhas escolhas. Sou muito fácil de entender, mas ao mesmo tempo também muito difícil de surpreender. Já vi muito de quase tudo. Já vivi muitos dias de muita vida. Não tenho tempo para conversas sem sentido e bajulações de meia tigela. Derreto-me com a verdade e só a provocação do menos possível me faz continuar a sonhar.

Faz-te um favor. Marca já uma viagem. O destino é indiferente. O importante é ires. Mete meia dúzia de trapos numa mala e manda-te. Se queres levar alguém contigo, leva quem te faz sorrir. Uma viagem sem sorrisos é como uma noite insone. Parece nunca mais acabar e tudo aparenta ser pior do que realmente é. Se quiseres, escolhe o destino. Se não, segue o sorriso de quem te sorri. No final, o importante nem é a viagem. O importante é teres escolhido viajar. Mais nada.

Quero acordar-te com um beijo entre os seios, provocar-te um arrepio e ver-te abrir os olhos com um sorriso de preguiça por entre os lençóis puxados de novo até cima. Quero desafiar-te a sairmos e viajar de vidros abertos, o vento a bater-nos no rosto e a revolver os cabelos de maneira insistente e desordenada. Quero levar-te até à praia e banhar-nos sem roupa no mar revolto, livres de preconceitos e vergonha, aos pulos e pontapés às ondas. Quero deitar-te sobre a areia húmida e fazer amor contigo, possuir-te e permitir que me possuas como uma sereia possui o seu marinheiro, num aclamado de sons que apenas nós escutamos, mágicos de tão inaudíveis. Quero regressar ao fim da manhã com pedaços de amor ainda agarrados aos nossos corpos, sinais da paixão que nos tatuou um sorriso na cara, e ver-te voar de olhos e braços abertos acima do carro, como uma águia num sonho. Tu sabes que quero muito mais de nós, mas que não vou escrevê-lo aqui. A partir deste ponto, tudo aquilo que quero só to vou sussurrar ao ouvido. Não como um segredo, mas como uma confissão. Simples, assim. Só nosso. A sós. Como sempre.

Sei que se quero algo que nunca sonhei ter, tenho de fazer coisas que nunca sonhei fazer. Todo o sonho só faz sentido se deixar de ser apenas um sonho. Todas os medos devem ficar para trás. Todas as mentiras precisam de ser mortas pela verdade. Um sonho só é sonho se me fizer sair de onde estou, se me levar para onde quero estar. Sonhar é fazer mais do que aquilo que faço agora. É ir sem pensar muito. É voar ainda mais alto do que alguma vez pensei conseguir. É sair do silêncio e voltar a sorrir. É mudar o meu mundo. É nunca mais querer ser o mesmo.

Sou um homem de muitos momentos. Não acredito naquilo que é para sempre. Sei que tudo se transforma. Nada fica igual. Sou um homem sem medo de ficar sem palavras. Aprendi a criar novas. Ganhei a minha escrita por mim mesmo. Não devo nada a ninguém. Não sigo seja quem for. As semelhanças só existem fora do meu coração. Lá dentro, sou eu. Apenas eu. Um homem sem medo do medo. Um homem que não se explica. Que se dá a sentir. Apenas a quem tem a sensibilidade suficiente para senti-lo. Para lá da sua pele. Do seu olhar. No lugar onde se cruzam o amor e a falta dele. Nada mais.

Não tenho paciência para quem me diz que não tem tempo. A verdade é que me está a dizer que não tem interesse em ter tempo. Se olharmos com atenção, o tempo não existe. É uma criação abstracta para nos desculparmos de ter ou não interesse em fazer algo. A instabilidade do tempo é uma necessidade para justificarmos a vida que levamos. Dizer que o tempo não chega, falar de que se tem tempo de mais, falar de que não se consegue arranjar tempo, falar do tempo no elevador, são tudo formas permitidas de me lamentar de não ter tempo para mim próprio. No entanto, a verdade é bem diferente. Quando queremos, o tempo estica, sobra, aparece, existe, até atropela. Quando queremos, até conseguimos ter tempo antes de haver tempo.

○

Já deixei de ter pressa de ser seja quem for. A dizer a verdade, não desejo ser mais nada do que eu mesmo, seja lá quem eu venha a ser daqui para a frente. Confio demasiado na vida para pôr a hipótese de que me possa trair. Sei que me ama. Conheço-a o suficiente para entender que me dá tudo aquilo que preciso para continuar a amá-la. Tem vezes em que aquilo que recebo dela me faz parar e tombar sobre os joelhos. Até mesmo chorar. Mas mesmo assim consigo compreender o seu amor por mim. Entendo a forma como me faz sofrer para que me respeite ainda mais. Com efeito, falamos a mesma linguagem. A linguagem do respeito pela liberdade de cada um. A linguagem dos amantes sem segredos.

○

Não fico por quem não me quer conhecer por dentro. Não quero ter raízes e ser como uma árvore. Quero ter asas e voar para onde o vento me leva. Quero muito hospedar-me num momento contigo. Só os dois. Sentindo-nos para caralho, porque caralho é sinónimo de veemência, de intensidade, de entrega, de inquietude. Caralho é sermos atravessados de amor. Caralho é ter a alma leve e os pés bem assentes na terra.

Espero sempre entender aquilo que sinto. Não quero imaginar-me perdido no meio dos meus sentimentos. Não concebo deixar de sentir um só que seja. Toda a minha vida pode mudar a partir de uma minha distracção. Quero sentir tudo até que a alma me cegue. Quero sentir tudo até perder a consciência. Quero sentir tudo intensamente para que não haja retorno possível do mundo dos sentires. Acima de tudo, quero muito sentir-me. Sentir-me até ao dia da minha morte. Mais. Mesmo até bem depois. Lá onde se diz que sentir é amar.

Seja lá o que for que vem por aí, que me inclua. Se for amor, que me permita senti-lo. Se for dor, que me seja consentido vivê-la. Se for saudade, que me faça sorrir. Se for angústia, que eu a entenda. Se for loucura, que eu tenha o remédio. Se for viagem, que me leve aonde nunca estive. Se for sonho, que não me deixe acordar mais. Se for tristeza, que eu encontre as palavras para me soltar. Se for uma festa, que me digam quem é o festejado. Se for tentação, que eu saiba deixar-me tentar. Se for a minha morte, que eu volte a ser um anjo.

Aprendi a viver como mais ninguém sabe viver. Aprendi a viver à minha maneira. O encanto de viver desta maneira está no entendimento de que só eu consigo fazê-lo assim. Ninguém pode fazê-lo por mim. Nem mesmo quem eu venha a amar ou por quem já tenha eventualmente sentido amor. A vida é minha e só eu a entendo como tal. Não a dou a mais ninguém. Permito que algumas pessoas entrem e tirem os sapatos. Deixo que outras se sentem no meu sofá e bebam do meu vinho. Algumas que se deitem na minha cama e fiquem até de manhã. Mas não dou a nenhuma a permissão de tirar-me o sorriso ou mudar a forma como vivo a minha vida, o modo como albergo os meus anjos e me apaixono por histórias e músicas.

Não deixo que nenhuma delas me diga o que tenho de dizer, nem que me baralhe o tempo. Tornei-me num solitário sem medo de perder a sua solidão. Partilho-a, apenas. Mas só com quem quer sorrir comigo em segredo.

Tenho o hábito de acordar e abrir as janelas de casa para provocar uma corrente de ar que me dê a primeira bofetada de vida antes do chuveiro. Não o faço de imediato, porque primeiro sento-me na cama, as persianas ainda corridas, e agradeço à vida algumas das coisas que me estão a acontecer na própria vida. A seguir, deixo-me cair de costas sobre a cama e estico todos e cada um dos meus músculos e ossos até sentir que voltaram a estar enumerados e no sítio correcto. Levanto-me sempre a sorrir, porque adoro acordar e retomar o dia onde o deixei na noite anterior. São hábitos que não considero hábitos, mas antes rituais para me celebrar. A água do chuveiro cai enfim tépida, quase fria, sobre a minha cabeça e, finalmente, consigo abrir mais um pouco os olhos. A primeira visão que tenho é a da minha nudez. A segunda é o reflexo do meu sorriso nos azulejos molhados.

○

Há despedidas que me colocam um sorriso nos lábios. Sei que devo deixar partir quem tem de ir embora, mas existem adeuses que parecem começos de viagem. Dizem que quem parte leva uma parte de mim, mas há alturas em que liberta uma parte de quem estava a deixar de ser. Há um tempo para chegadas e outro para partidas. Pessoalmente, gosto de quem deixa de ter um futuro para além dos instantes que lhe restam comigo. Posso até parecer duro, mas a vida ensinou-me que só fico com quem quero e ninguém me pode obrigar a ser sombra debaixo do sol.

○

Sei-te perto. Sinto-te em mim como a parte imprescindível de quem estou a ser. Deves rir das minhas loucuras, tu que tanto as censuravas e que hoje deves entendê-las ainda menos. Não ligues. Sou feliz na minha própria felicidade. Sou feliz com aquilo que guardei de ti. Acredita que foi mais do que alguma vez pensei vir a ficar. Surpreendo-me a mim mesmo entendendo muito daquilo que antes não compreendia em ti. Não te percebia ou não te sabias fazer perceber. O silêncio foi muitas vezes o nosso grito. Que se dane. Hoje, falo-te sem te ver e escuto-te de forma bem diferente. Já não és mais apenas o meu pai. És também o meu lado mais próximo da vida e da morte.

Os hábitos e as obrigações matam-me. Preciso de mares revoltos e céus misteriosos, paixões loucas e amores que não sejam amores. Preciso de beijos debaixo de água e fodas divinais, vinhos com mais de catorze graus e conversas pela noite adentro, silêncios sem barulho e lareiras acesas. Preciso de corpos nus sobre camas desfeitas, lágrimas de alegria, ressacas fortes e lembranças de lambidelas e toques de pele. Preciso de viagens sem mapas nem bússola, leituras para entesar a solidão, gargalhadas estridentes e brindes de vida. Preciso de coisas que não necessite de esquecer. Estou cansado de me lembrar do que não foi feito para ficar comigo.

○

Não queiras sentir-te amado para te conseguires aceitar. Não desejes sentir o amor dos outros para sentir que existes. Pára de achar que o amor é o único caminho para o teu caminho. Pára de querer o amor como se só o amor existisse. A vida é bela demais para fazê-la submeter-se apenas ao amor. Olha antes para tudo aquilo que vem antes do amor, porque antes do amor vem o entendimento de que não precisas de nada para lá daquilo que estás a viver. Talvez isso até já seja amor. Não sei, nem quero mais saber. Quero apenas viver a sorrir.

○

A minha maior intimidade acontece na tristeza. A fragilidade liga dentro de mim o que quase mais nada consegue. Faz-me pôr tudo em causa. Faz-me reavaliar o que me acontece e tudo aquilo que ainda não me aconteceu. Quando estou triste, respeito a minha tristeza. Sei que só se a respeitar é que vou poder entendê-la. Caso contrário, vou lamentá-la e querer negá-la. Vou sorrir sem saber sorrir. Vou trocar a tristeza pela pena de mim mesmo. Vou fechar-me dentro do meu coração e não deixar mais ninguém entrar. Vou acreditar que a felicidade pode existir sem haver tristeza. Vou mentir-me para não pensar na verdade. Entre quem fui e quem sou, vou perder quem nunca me deixei ser.

A vida é uma viagem a que ninguém pode fugir. Uns escolhem ver o seu lado mais sofrido e duro, aqueles momentos em que nada mais é como queriam que fosse, um tempo mais próximo do sofrimento do que da morte. Outros passam por ela quase sem ser vistos ou terem consciência de que não se conseguem ver. Não têm memória nem lembranças de quase nada. Nunca chegam a saber quem são nem quem gostariam de ser, pura e simplesmente porque vivem numa mistura de assombração, luto e falta de sonhos. E existem ainda outros, como eu, para quem a vida é um grande sorriso, um deslumbre de possibilidades, uma soma de coisas e mais coisas para descobrir. Uma aventura sem fim. Um lugar de onde não se quer mais sair nem sequer perder de vista.

○

Poder conversar com uma mulher de taça de vinho na mão é dos prazeres que menos dispenso. Gosto da letargia que o álcool traz para a conversa. Parece que nos tornamos filósofos do sorriso e da palavra. Bebemos pequenos tragos no final de cada salva de risadas e no silêncio dos olhares mais atentos. Enchemos a taça um do outro sem pedir licença para fazê-lo, como se o código de honra fosse tácito desde o início. O importante é a conversa encontrar territórios de partilha e lugares de intimidade. Conversar com uma taça de vinho na mão apaga constrangimentos e dá a sensação de que se morre mais devagar. Se me for dado a escolher, quero morrer com o sabor de beijos e vinho na boca.

Gosto de sentir saudades de ti, de me lembrar do teu sorriso, de pronunciar o teu nome na direcção do céu para que não seja o único a escutá-lo. Algo em ti sempre foi meu, mesmo quando nem eu próprio sabia quem eu estava a ser. Reconheço-te sempre um pouco mais de cada vez que te sinto perto de mim, de cada vez que te abraço num abraço mais demorado, de cada vez que te beijo num beijo só de lábios, e outras vezes, quando te olho num olhar sem saída, te toco num toque de arrepiar, te arranco um gemido por antecipação. Vendo bem as coisas, não podia ser de forma diferente. Foste a única pessoa que não me disse uma só palavra e conseguiu fazer-me escrever mais sobre amor, tolos e anjos.

Hoje sei que me posso reinventar todos os dias. Hoje sei que não tem mal nenhum que mude e a minha mudança abane com a vida dos outros. Hoje sei que não é problema que as minhas escolhas acabem com os planos que os outros têm para mim. Hoje sei que as pessoas aprendem ao mesmo tempo que eu, apesar de ser eu a tomar a iniciativa de mudar. Hoje sei que ninguém gosta de perder nada, mas que é também nas perdas que reside a possibilidade de começarem a respeitar-se pelo que nunca perderam. Hoje sei que se deixar de pensar em mim para pensar só nos outros, vou divertir-me menos e sofrer mais. Hoje sei que devo deixar a minha vida fluir, porque a dor acontece sempre que decido controlar tudo e todos. Hoje sei. Sei tudo o que sou.

Dentro de mim, existem várias mulheres. Amo e enlouqueço com elas. Perco-me e sou feliz. Magoo e curo-me. Rio e choro. Ouso e dou provas de amor. A verdade é que poucos homens têm a coragem de apregoar aos quatro ventos o que sentem. Só mesmo aqueles que aceitam o seu lado feminino. Fazê-lo é saber-se um homem do princípio ao fim. É saber-se um homem capaz de tocar nas estrelas e surpreender uma mulher. É ver-se para lá da sua masculinidade. É sentir-se mulher sem deixar de ter alma de homem. É ser céu sem tirar as mãos da terra.

Desde há um tempo que deixei de rezar. Percebi de um dia para o outro que nem sequer estava atento ao que dizia. Atirava para o ar uma ladainha decorada, da mesma maneira como antes atirava na escola primária a tabuada à professora, numa cadência monótona que lembrava um metrónomo pousado num piano de cauda. E nada mais. Rezar tornou-se uma fórmula mantida quase por superstição ou apenas um tipo de exorcismo fácil e de resultados duvidosos. Um dia, percebi que gostava mais de conversar, de fazer perguntas ao meu deus sem saber quais seriam as suas respostas ou silêncios, de desabafar com alguém que acreditava estar ali comigo, de entender aquilo que lhe dizia sem ter de comprovar nada. Um dia, compreendi que o meu deus não era só meu, mas era meu sempre que eu quisesse.

○

Não tenho medo de morrer sozinho. Acredito até que é preferível. Acho que partir deve ser um acto solitário, um encontro sereno com aquele momento em que o coração deixa de falar e a alma destatua-se do corpo. Não me assusta a solidão, porque me tenho a mim. Não sei se morrerei em casa, num hospital, debaixo de água, num acidente, perdido numa floresta ou nos meus braços. Aquilo que sei é que desejo morrer sem deixar nada por viver.

○

Sei de palavras que ferem mais do que murros. Conheço silêncios mais frios do que glaciares. Sei de quem teima em não colocar cor na vida, apesar de ter consigo uma paleta com todas as cores conhecidas. Não entendo muita coisa de muita coisa, mas quero continuar a entender o que me é dado a entender. Não sei até onde vou chegar. Talvez consiga um dia defender uma ideologia ou uma causa, ou comprar uma casinha nas montanhas e viver de escrever. Ou talvez chegue mesmo a encontrar o amor, seja lá o que isso for.

À excepção dos filhos, ama-se sempre quem nunca se pensou amar. Se assim não fosse, escolher-se-ia o momento e a pessoa da mesma forma como se escolhe fruta num supermercado ou livros numa biblioteca. Amar sempre foi e sempre continuará a ser um segredo até ao instante em que se permite revelar. Não existem códigos de barras nem números de arquivo. Não se consegue prever como a um cataclismo ou estudar como a uma planta. Amar é uma bizarria sem júri nem testemunhas. É uma cegueira congénita e sem cura. É para muitos um mal e para outros algo de menos mau. Mas é felizmente para alguns uma bênção. Só esses conseguem amar alguém da mesma maneira como amam os seus filhos, sem essa estúpida ideia de que comparar amores tira-lhes a sua essência. Bem pelo contrário. No mínimo, torna-os únicos. Mais belos entre si.

A previsibilidade aborrece a mulher que quer ser feliz, porque ela sabe que a felicidade não é conciliável com a previsibilidade. A mulher é rebuliço, desafio, mudança, e embora possa defender o contrário, a verdade é que só o faz quando não o tem. Toda a mulher é sereia de mar alto, de chamamento e tentação, de profundidade e segredo. Quando não o é, sofre, acomoda-se, tenta ser feliz no exterior. Não há nada que faça uma mulher mais infeliz do que a ausência de impossíveis e coisas sem sentido. Está-lhe no sangue. Fecunda-a de paixão. Para matá-la em vida, basta dar-lhe uma obrigação desnecessária e fazê-la defender uma mentira.

○

A minha vida é perfeita, senão seria de outro modo. Acredito que tudo aquilo que estou a viver neste momento é o melhor para mim, ainda que me possa estar a fazer sofrer. A razão é que a vida faz-me viver agora tudo aquilo que preciso para melhorar a minha relação comigo mesmo, para conhecer a minha atitude diante de seja o que for que me surja à minha frente. Não me vale de nada resistir ou não concordar. O que devo fazer é deixar que as emoções e os sentimentos me encham o peito e me façam sorrir ou chorar, calar ou gritar, entristecer ou cantar. A verdade é que já não fujo mais do que sinto. Entendi que sentir é viver aquilo que me está destinado. Percebi que sentir é o único caminho para cumprir a minha missão aqui em baixo, bem perto do meu céu.

Tenho um coração que bate ao meu ritmo e na cadência de quem estou a ser. Quase pára quando me nego. Arrima-se quando choro e grito no silêncio da minha dor. Sangra sempre que o ignoro. Nunca me faz perguntas, porque sabe todas as respostas. Acalma-se quando me sente sorrir por dentro. Vibra quando me apaixono. Fantasia-se quando me vê dançar. Nunca bate por hábito, porque isso seria por estar sem vida. Alimenta-se de amor. Só de amor. Como um coração que não precisa de sangue para viver. Apenas de amor. Apenas do teu amor.

Gosto de parar para me emocionar. A maior parte do que sinto não pode ser descrito em palavras. É demasiado íntimo. É demasiado meu. Escrevo muito do que sinto, mas existem trechos que guardo só para mim. Não são segredos, nem mesmo reticências. São partes de quem sou. Sinais de nascença escondidos debaixo da pele. Emoções de que não falo porque deixei que o silêncio fosse o meu aliado. Mas sorrio, porque todas as emoções me fazem sorrir. Mesmo as que doem. Mesmo as que trazem sofrimento. Sorrio, porque sei que são as que preciso de viver para me encontrar um pouco mais comigo mesmo. Agora. Não mais tarde. Nunca mais tarde.

Às vezes, estás triste e não consegues deixar de ficar triste. A tristeza entrou dentro de ti, simplesmente porque não consegues entender e viver determinada situação. Não te preocupes. Às vezes, é preciso que fiques triste apenas para te sentires triste, porque a tristeza faz-te entender que também deves viver a impossibilidade de mudar neste instante alguma coisa na tua vida. Ficar triste também é bom, porque ficas mais sensível a ti mesmo. Faz o teu luto, mesmo que não saibas bem a verdadeira razão porque estás triste. Deixa-te conscientemente ficar triste. Aceita que é suposto neste momento ficares triste. Não lutes contra a tua tristeza. Vive-a, antes, sem pensares como vais sair dela. Vive-a, pura e simplesmente porque é a vida quem ta está a fazer sentir. Chora, se acreditas que precisas de chorar. Tem pena de ti, se tens vontade de ter pena de ti, mas não fujas da tua tristeza. Deixa-a estar no teu peito para que a conheças. Deixa-a doer até que deixe de doer tanto. Deixa-a aos poucos ir dando lugar a uma serenidade muito própria, esse tipo de serenidade que só a aceitação da tristeza dá, esse tipo de serenidade que antecede sempre a chegada do primeiro sorriso.

○

Para chegar onde cheguei, tive de desistir do que me desgastava, deixar para trás o que me confundia ou atrasava, evitar os lugares e as pessoas que me faziam baixar a cabeça sem conseguir chorar, não ter medo de sentir coragem e vontade de fugir ao mesmo tempo, deixar de ter receio de olhar de frente toda a minha loucura de viver, fazer da resiliência o meu sorriso e da tentação a minha maior necessidade. Para chegar onde cheguei, comecei a querer ir mais vezes ao meu céu, abraçar o meu deus sem precisar de lhe sentir os braços, olhar para baixo e apaixonar-me pelo que via, entender que existem diferentes verdades e que aceitá-las é dar lugar também à minha própria verdade, permitir-me aceitar a felicidade sem ter medo de perdê-la, e nunca desperdiçar a capacidade de rir sem precisar de fingir. Para chegar onde cheguei, quis-me feito de amor. Só de amor. Apenas de amor.

○

Está na hora de repousar o meu lado guerreiro e deixar voar o meu lado poeta. Existem coisas que percebo estarem ainda para demorar. Existem outras que nem sequer quero perder mais tempo com elas. A verdade é que anseio por aproveitar cada instante que a vida me dá, mesmo quando sei que são alturas ao mesmo tempo de paciência e reenergização. Há muito que entendi que recebo da vida tudo aquilo que preciso para seguir em frente. Tenho apenas que estar atento, aceitar que não controlo nada e não me esquecer que tenho sempre o poder de escolher aquilo que quero. Às vezes, existem decisões difíceis, mas as respostas surgem assim que questiono o meu coração. Não tenho muito mais para dizer, a não ser que tenho um guerreiro que precisa de se restabelecer e um poeta que anseia por voar até ao final do seu céu.

Reconhecer a presença do amor não é para todos. Imaginamo-lo como queremos e recusamos vê-lo de qualquer outra forma. Amar não pode ser apenas um embrulho da nossa fantasia pessoal. Amar quase nunca é nada daquilo que alguma vez pensámos que fosse. Amar é transcender o grito maior do coração. É voar até onde nunca voámos e não querer mais regressar. É ser inquilino permanente da alma. É espantar o medo apenas com um sorriso. É responder em silêncio sem escutar nenhuma pergunta. É deixar de querer esperar por algo que já sentimos dentro de nós. É ter a certeza de que vamos continuar a existir muito para lá da nossa morte.

Sinto-me ainda mais amado no momento em que entendo todo o amor que sinto por ti. Nele escrevo a minha história, e a minha história torna-se de seguida a tua, não porque tenhamos a mesma, mas porque uma nasce da outra. A minha passou a valer pouco sem a tua, mas também tornou-se ainda mais preciosa sem ela, unicamente porque sem a tua procuro-te na minha e encontro-te ainda mais na nossa. Sempre acreditei que a nossa história existiria sem um fim, mas hoje percebo que existe antes sem um final. Mas também nem sequer penso nisso. Vivo a nossa história como se cada dia fosse o melhor de todos e habito nele na construção de uma história ainda maior, não daquelas que perduram no tempo, mas daquelas que o tempo faz perdurar.

Se não quebramos proibições, nem o amor nos salva de nós mesmos.

A minha vida é um grito apaixonado de mais vida. A minha tristeza abre-se dentro de mim e acaba invariavelmente por fazer-me sorrir quando a aceito. A minha sensibilidade é sempre a minha primeira e única pele. O meu amor não se explica por palavras, mas pela duração do intervalo entre cada sorriso que esboço quando te vejo. O meu medo é sempre maior quando penso nele. Gosto de seguir em frente sem pensar muito. Gosto apenas de sentir o que me conquista o peito a cada passo que dou. Não sou de fazer planos ou seguir quaisquer roteiros, nem mesmo em museus ou palácios. Sou sempre aquele que vira as costas ao guia e se escapa para os jardins ou para o interior dos quartos de porta fechada. O improviso reforça-me a alegria de viver. Dá-me asas onde ainda só tenho braços.

Em nome dos meus sonhos, abri caminhos e fechei desesperos, entrei em outros mundos e passei a desejar coisas que só eu sabia da sua existência, regressei sem querer ter partido e transformei utopias em paixões, matei com palavras e fiz renascer com beijos, reconheci-me e voltei a esquecer-me, ambicionei e perdi, não procurei e encontrei, mudei de lugares e levei lugares comigo, fui ao céu e volto lá de vez em quando, ofereci flores e levei outras para casa, adormeci demasiado cedo e acordei tarde demais, viajei sem dinheiro e acordei com o sol da manhã sobre os olhos, morri sem morrer e vivi muito mais do que alguma vez pensei viver. Os meus sonhos são como uma alma tatuada. Cada linha é o desenho de um encontro no momento certo. Cada rabisco é uma parte de mim que transformei em algo de especial para sempre. Cada espaço em branco é um poema por escrever. Uma canção ainda não composta. Um álibi sem nenhum crime.

Sou louco, unicamente porque acredito e faço tudo para viver num mundo diferente. Não critico nem me queixo. Construo. Não fujo nem me engano. Enfrento. Não invento nem imponho. Vivo. A minha loucura é suficiente para me fazer viver a vida sem medo. Se por alguma razão não resultar, tento noutro lugar ou noutro momento. Se há coisa em que acredito é na multiplicidade de oportunidades. A seguir a uma vem sempre outra. Se assim não for, faço tudo o que estiver ao meu alcance para voar. De lá de cima, tudo é diferente.

Houve um tempo em que não me apaixonava muito facilmente. Hoje, apaixono-me com muito maior facilidade. Acho que me tornei na criança que nunca fui. Tudo me encanta e deixa deslumbrado. Parece que é sempre a primeira vez que vejo as coisas, ou então que as sinto de forma diferente mesmo à centésima vez. Acredito que ganhei a capacidade de ver nas coisas o que não conseguia ver antes. Sei que mudei muito. Aprendi a linguagem dos anjos e a dos demónios. Deixei de ter medo de pessoas e da morte. Comecei a sorrir mais e sem reservas. Curei-me do que já não era suposto ficar mais comigo. Libertei-me do futuro. Voltei a sonhar e olhar para cima, para o meu céu. Compreendi que aquilo que é para ficar do meu lado, vem sempre ter comigo, e que o importante para mim é seguir o rasto do amor sem, no entanto, o procurar. Preciso apenas de senti-lo quando entra no meu coração para parar de questionar o que nunca precisou de respostas.

Acredito em amores eternos, desses que viajam de vida para vida sem se esquecerem, desses que se reconhecem mais uma vez sem se terem alguma vez visto, desses que fazem a alma parecer ainda maior dentro do coração, desses que dão à palavra saudade um cunho de reencontro, desses que fazem sorrir os olhos de espanto e alegria, desses onde o amor cresce como se nunca tivesse sido pequeno. Acredito em amores eternos, desses que transformam a vida ao ponto de nunca mais ser a mesma, desses que chamam por quem sempre esperou ser chamado, desses que lembram histórias nunca contadas, desses que fazem sentir mais uma vez o que já se sentiu há muito tempo atrás, desses para quem a distância morre com a ideia da proximidade, desses para quem a vida não é mais do que a mesma resposta para todas as perguntas.

Da próxima vez que decidires ficar sozinho, pensa só em ti. Dedica esse momento a deixares-te entrar dentro de ti. Sente onde verdadeiramente estás e fica por lá. Abre o coração àquilo que estás a sentir. Não tenhas medo. És tu, aquele de quem tens vindo a fugir há tanto tempo. Abre ainda mais o coração para te receberes. Acolhe-te. Mima-te. Não temas essa fragilidade que estás a sentir. Faz parte de quem és e do que estás a viver. Não fujas mais. Deixa-te estar. As coisas não precisam de ser importantes para merecerem a tua atenção. Precisam apenas de ser tuas.

○

Despir uma mulher faz-me sentir ainda mais seu. Tirar-lhe uma peça de roupa de cada vez faz-me sentir como se desnudar-lhe a pele fosse já fazê-la minha. Tem vezes em que me basta despir, deitar-me com ela sobre a cama e ambos fecharmos os olhos. A intimidade nem sempre está na consumação do desejo, mas simplesmente em adormecer lado a lado, mão na mão, num espaço de tempo igual ao que antecede o beijo. Gosto de me enrolar no seu corpo de mulher como um gato ensonado, tocar sem querer com os lábios nos seus ombros enquanto me chego mais a ela, sentir-lhe as coxas por cima das minhas ancas, perder-me no seu cheiro e na sua respiração. A intimidade nem sempre é nada do que se espera. É sempre melhor do que se pode esperar.

○

Não gosto de falar do meu passado com quem quero criar um novo presente. Reviver o passado para justificar alguma coisa é desculpar algo que não precisa de ser desculpado. Acredito em memórias novas, sorrisos e palavras diferentes, sentidos com um novo sentido. Quero beijos sem rastos nem semelhanças. Quero mesas fartas de emoções e lugares onde possa me escutar dizer aquilo que nunca disse a ninguém. Preciso de pensamentos diferentes para viver uma vida diferente. Quero uma luz mais luz no meio das minhas sombras habituais. Quero contar-te quem sou e não quem fui. Quero dizer-te o que sinto e não o que senti. Estou cansado de histórias dentro de histórias. Estou farto de mentiras no meio de verdades. Preciso de plagiar a felicidade de onde ela nunca saiu. De mim.

Já vivi amores que me deixaram cicatrizes que nenhum cirurgião conseguiu disfarçar. Já lutei demasiado por coisas em que não acreditei. Já desisti quando na verdade queria apenas parar para descansar. Já gritei até ficar sem voz. Já fiz amor sem amor porque precisava tanto de sentir amor. Já expliquei coisas que nem eu entendi a explicação. Já tive tanto medo, que o medo me fez chorar sem verter lágrimas. Já morri para poder continuar vivo e foi maravilhoso aceitar que tive de me destruir para me reerguer mais uma vez. A vida tem destas coisas. Morre-se, porque às vezes quer-se muito voltar a viver.

A vida só se escreve com verdades. As mentiras atrasam o tempo para cada coisa ser aquilo que é suposto ser. Mentir é querer controlar o que nunca foi nem nunca será nosso, e querer prender o que está destinado a ser livre. Mente-se para se conseguir encarar aquilo que não se aceita. Mente-se para se criarem falsas verdades. Mente-se, porque é mais fácil mentir do que sofrer com a realidade. A verdade é que quem mente aos outros, mente sobretudo a si mesmo. Não tem como não ser assim. É uma queda sem anjo da guarda.

Gosto de viver como se o amanhã não fosse uma possibilidade. Gosto de agarrar a intuição e lê-la sem lhe perguntar coisa alguma. Já não quero mais respostas. Quero viver sem perguntas. Aprendi a ficar sem esperar nada. Ficar só para sentir o que fica. O que parte também. Percebi que todas as instruções que preciso estão no meu coração. Entendi que sou eu quem escolhe o que me abraça ou aperta. Assim. Como uma sobra de sol. Sobre as costas. A aquecer-me a alma ou a permitir que ma queime.

Sei que não sou quem muitos esperam, mas não tenho aspirações a ser nada daquilo que não queira ser. Já não quero agradar a ninguém, nem tão-pouco mudar por seja quem for. Não me tornei intransigente, mas existem coisas de que não abdico mais. Não queiram tornar-me quem não sou, porque fujo de imediato. Fujo, não porque tema, mas porque sinto-me violado no mais íntimo de mim mesmo. Tenho dificuldade em lidar com o ciúme e a manipulação emocional. Quem me quer mudar, na verdade não me respeita. Quer me quer de alguma forma diferente, não se quer a si própria. Quer apenas validar-se através de mim.

Gosto de agradecer ao céu tudo aquilo que me é dado aqui em baixo. Sei que nem tudo é sofrimento. Há muito que conheço o lado grato da vida, a existência das lições que me fazem sorrir a alma e os olhos. Gosto sempre de receber aquilo que recebo, porque entendo que mereço cada coisa que me é dada. Já entendi que não me devo julgar por aquilo que vem ter comigo. Veio porque chegou a hora de vir, de me permitir conhecer-me na maneira como ajo com tal situação. A vida é uma bênção. Enquanto não a vir sempre deste jeito, a dor será o seu sinal. E isso não quero. Prefiro estender o dedinho do meio na minha direcção e mandar-me foder. Vai com certeza doer menos. Vou seguramente sorrir com maior à vontade.

○

A ideia de insuficiência é uma estupidez. Nada é insuficiente. Tudo é o necessário para se dar o passo seguinte na direcção que desejamos. O problema coloca-se porque raramente estamos satisfeitos com aquilo que temos. Queremos sempre mais daquilo que não temos ou conhecemos. A insuficiência coloca-nos em permanente alvoroço interior. A insuficiência afasta-nos de nós mesmos, da companhia do nosso silêncio. O medo de sermos menos do que realmente somos torna-nos diferentes de quem viemos ser. O importante é entender que nem tudo aquilo que vem ter connosco é o que queremos, mas é sempre aquilo que precisamos para melhorar a relação que temos connosco mesmos. Esse é um dos grandes segredos da vida. Quem não o aceita, vive em insuficiência e não faz a mínima ideia do que é ser feliz. Nem sequer do que é ser grato.

○

Não levo jeito. Gosto mais de gente louca do que de gente normal. Vibro com as loucuras mais loucas que me fazem ir mais além do que já fui. Gosto de subir sem saber se vou conseguir descer, de explorar lugares livre do medo de me perder, de acreditar que tenho tudo para viver tudo, de viajar com pessoas loucas por viver o mesmo que eu, de gente que sorri apesar das lágrimas que lhes correm pelo rosto, de pessoas que choram de alegria ao fazer amor, de quem não quer saber de nada que não tenha a ver com elas. Adoro que me chamem de louco, egoísta, narcísico, egocêntrico, arrogante, sedutor, impostor, falso guru, porque me faz sorrir, não do óbvio ridículo das acusações, mas de como tanta gente gostava de estar onde estou. Não o digo por falsa modéstia. Digo-o porque aquilo que eu no passado critiquei e maldisse era sempre aquilo que mais queria para mim. Caso contrário, sorria, ficava de boca calada e seguia a minha estrada.

O que mais me fascina numa mulher é a sua capacidade de me sentir para lá do que vê. Gosto que me liberte, que não tenha medo de me perder. Gosto que me faça sentir a sua alma à flor da minha pele. Sou um homem simples. Sinto a sua beleza na maneira como me olha e revela a cor do seu coração. Todo eu sou meiguice. Todo eu sou intensidade. Nada me dá mais prazer do que uma mão sobre a outra. Uma carícia sem tempo. Assim. Sem mais nada. Numa profecia de quase tudo.

Tudo aquilo que aprendes só se valida quando ensinas. A tua verdade é apenas a tua verdade e não a de mais ninguém. As tuas mudanças expandem-se com o teu espírito. Só aquilo que amas te transforma em quem és. A felicidade é uma atitude que nunca te apanha de surpresa, mas que te surpreende de cada vez que a sentes. Toda a emoção é também sentimento. Toda a oração é uma vontade. Todo o instante é para sempre. Todo o sonho morre por acaso. Todo eu sou saudade de quem me falta.

Gosto dos dias em que guardo o meu sorriso durante todo o tempo, em que nada nem ninguém me consegue tirá-lo, sobretudo aquele sorriso que me faz brilhar o olhar, esse que me enche o peito de vontade de viver, de partilhar, de dançar, de cantar, de ir mais longe, de me aventurar onde mais ninguém se aventura, de compor uma música e escrever o poema que me queima há muito a ponta da língua, de sapatear ao atravessar as passadeiras nas ruas da minha cidade, de molhar os sapatos nas ondas rasteiras do mar, de rodar sobre mim mesmo até cair tonto sobre a areia da praia, de telefonar a quem não telefono há anos, de caminhar ao deus-dará, sem destino ou direcção, como uma gaivota ao sabor dos ventos quentes lá em cima, ali onde voar deve ser como amar. Gosto dos dias em que sorrio da mesma forma como amo. Sem entender nada. Apenas a sentir o amor.

Nenhuma mudança é fácil, mas as que são feitas com o coração são sempre as mais difíceis. A dificuldade está em te dares o que sempre soubeste que era para ti. Parece um contrassenso, mas tens sempre muita resistência em aceitar ser feliz. Queres muito sê-lo, mas tens muito mais medo de sofrer por não o conseguir. Escolher o caminho do coração é um acto de coragem. Quase ninguém o faz. É preciso conhecer a linguagem da ousadia. É preciso nunca deixar de querer.

Sou uma dor sem ferida, uma lágrima sem canto do olho. Morri e renasci sem esquecer de onde vim. Sou um guerreiro no meio da minha batalha. Quero dentro de mim apenas o que me faz sorrir. Tenho memórias tatuadas no lado mais lindo do meu coração. Não mais as vou esquecer. Fazem parte de quem me tornei. São parte de quem me estou a tornar.

Uma boca não é mais do que uma boca até ser beijada. O beijo transforma-a, torna-a real, dá-lhe a intimidade própria de um segredo desvendado. Gosto de beijar uma boca que se me oferece pouco a pouco. Nunca gostei do que se revela de imediato. Gosto de beijos mais lentos do que a tesão, desses que os lábios vão sentindo aquilo que o resto do corpo já não silencia. O beijo é sempre aquilo que mais me tenta. A junção dos lábios e o primeiro toque das línguas tira-me o medo dos inícios e das imoralidades. Por um instante, todo eu sou pecado e generosidade. Se me for permitido, quero morrer a viver um beijo.

Aprende a andar antes do tempo e não traves aquilo que sabes ter de acontecer. Intui e nunca duvides daquilo que sentes. Confia na dualidade da vida. Não temas o teu lado espiritual para não tirar significado ao teu lado emocional. Apaixona-te pela magia do eterno e diverte-te com a simplicidade de cada momento. Compromete-te com a tua missão e atribui-te o resultado de cada escolha. Nunca te esqueças que tudo aquilo que fazes tem sempre uma consequência. Não reprimas as tuas paixões para não morreres do medo de nunca amar. Vive o agora para receberes a verdadeira inspiração para seres quem és. Desafia-te a ver apenas o bom em cada pessoa e age de acordo com o teu melhor. Põe a consciência no teu coração e vê tudo também com os olhos dos outros. Não tenhas medo de perder ou não ter alguém, porque ninguém é de ninguém. E acredita no maior milagre que puderes acreditar, porque esse só pode vir de ti.

A verdade estigmatizada é podre. Acreditar por medo é ter interesse em ficar vivo no meio de tantos que simulam viver. Dizer o mesmo que a maioria defende é querer ser aceite quase sempre por não se ter opinião própria. Falar o que se pensa não é para muitos. Ter uma ideia diferente e contrária à da maioria é tornar-se o alvo preferido da frustração e invídia de todos aqueles que simulam sorrisos e dizem demasiado alto da boca para fora que são imparciais e justos. Ousar apontar o dedo é cada vez mais um acto de muito poucos. Cada vez mais, as pessoas querem ser pessoas, mas esquecem-se do que é verdadeiramente ser uma pessoa. Não se lembram que ser uma pessoa é antes de mais ser livre e não ter medo da opinião dos outros. Parecem não querer aceitar que ser uma pessoa é defender mesmo aquilo que o diabo defende sem medo do que os anjos vão dizer. A verdade é que ser uma pessoa não é para muitos. É apenas para aqueles que se ajoelham sem medo de não saber rezar.

Recuso-me a ser normal. A normalidade tira-me a possibilidade de ser gigante comigo mesmo. Só os imbecis querem ser normais. Só aqueles que têm demasiado medo dentro deles recusam sair da vulgaridade. Parece existir um certo culto na normalidade, uma espécie de soro da previsibilidade que agua o sangue e lhe tira a força necessária para permitir a alguém de ousar ser diferente. A dizer a verdade, a normalidade tem algo de doença crónica, de perfeição envenenada. Funciona como um salvo-conduto para a estupidez de viver sem desvios, rampas ou precipícios. É a ausência total da loucura necessária para provocar a felicidade a estar sempre presente. Recuso-me a ser normal. Recuso-me a morrer sem ser de olhos abertos. Quero muito ver a cor de toda a minha vida.

Não posso, nem quero agradar a todos. Aliás, não quero agradar a ninguém. Querer agradar a alguém é uma utopia. Quando quero agradar a alguém, estou inevitavelmente a não ser eu mesmo. A questão nunca pode estar em agradar, mas em agradar-me agradar. O mais fácil é nem sequer pensarmos sobre esta diferença. Vai obrigar-nos a mudar a nossa perspectiva sobre a maneira como quase sempre damos apenas para receber. Muitos negam tal evidência, mesmo quando reclamam de não receber aquilo que esperam de alguém. É mais fácil. Pensar até onde me permito de agradar aos outros sem me agradar a mim faz toda a diferença. No entanto, só os que se respeitam entendem esta afirmação. Os outros, inevitavelmente, vão julgar-me. Adoram fazê-lo. Também não me importo. O que conta é a minha verdade e a forma como vivo com ela. Os que julgam, são apenas os que julgam. Têm esse direito. A vida é deles. Não minha.

Sou um sedutor, mesmo quando não sei estar a sê-lo. A sedução funciona como o reflexo de quem me tornei. Adoro perceber que seduzo com a minha escrita. Adoro ser a minha própria sedução. Adoro seduzir-me na maneira como me tornei um sedutor. Não o faço de propósito. A sedução é própria de todos aqueles que se sentem bem na sua pele. É-lhes natural. É o seu cheiro. É o meu cheiro.

Às vezes, preciso de beber um copo e conversar com alguém que me aquiete a rebeldia. Funciona um pouco como uma chamada urgente para quem esquece facilmente a hora de começar a viver devagar. Não quero com isto dizer que vivo todo o tempo a duzentos à hora. Nada disso. Sigo apenas o princípio de que não quero andar demasiado depressa, mas também não me permito perder mais tempo. Mesmo assim, necessito de quando em quando de um travão, de uma bofetada de paragem. Sou neto de lavradores, desses que se levantavam e deitavam com o sol, desses para quem os animais comiam primeiro do que eles próprios. Herdei deles a necessidade de tocar na terra com os dedos abertos, de sentir correr a água fresca por entre os dedos quentes, de baptizar com nomes vulgares as coisas mais belas e simples da vida. Herdei também deles essa vontade de sentir de cada vez tudo como se fosse a última vez, não com medo de perder alguma coisa, mas com uma enorme vontade de lembrar cada detalhe, cada cor, cada saliência. Tal como num parto feito ao mesmo tempo com muita dor e amor. O do primeiro filho. O que dizem doer mais.

Talvez acontecemos antes do nosso tempo. Talvez tivemos pressa quando era esperado termos apenas o que tínhamos. Talvez quisemos ver-nos onde ainda não éramos. Talvez foi cedo para tantos talvezes. Foi o que foi e ficou o que ficou. Acreditámos em algo que se calhar existiu para lá de nós mesmos, ali onde nunca fomos e nem sequer pensámos vir a ser. Fugimos sem ter de desaparecer. Perdemo-nos, porque ainda não era suposto inventar-nos.

Um dia, já não estarei cá. Um dia, serei memórias e silêncios. Um dia, serei emoções e papéis espalhados no chão. Um dia, serei uma canção ou um poema. Hoje, sou liberdade. Hoje, sou loucura. Hoje, sou uma vida e uma história. Hoje, sou paixão. Hoje, não sou ainda aquilo que serei um dia. Que se lixe. Quando lá chegar, vou sorrir e voar por entre as estrelas e o pensamento. Se nada disso for verdade, serei no mínimo nada. Numa perspectiva grata, nada é tudo.

www.ingramcontent.com/pod-product-compliance
Lightning Source LLC
Chambersburg PA
CBHW070507160726
48003CB00004B/1457